초등 전과목 어휘 일력 365

정명숙 글 | 젠디 그림

다락원

초등 전과목 어휘 일력 365

지은이 정명숙
그린이 젠디
펴낸이 정규도
펴낸곳 (주)다락원

초판 1쇄 발행 2025년 12월 31일

편집장 최운선
편집 조선영
디자인 타입타이포 김효숙

다락원 경기도 파주시 문발로 211
내용문의 (02) 736-2031 내선 276
구입문의 (02) 736-2031 내선 250~252
Fax (02) 732-2037

출판등록 1977년 9월 16일 제406-2008-000007호

ISBN 978-89-277-4827-4 (12590)

정명숙

서울교육대학교와 명지대학교 대학원 문예창작학과를 졸업하고, 30여 년을 아이들과 함께한 초등교육 전문가예요. 어떻게 하면 초등학생들의 어휘력을 키울 수 있을까 늘 고민하며 좋은 글을 쓰기 위해 노력하고 있답니다. 그동안 지은 책으로는 『초등 교과서 낱말 퍼즐』, 『초등학교 선생님이 국어책에서 쏙 뽑은 저학년 전래동화』, 『초등 전과목 어휘력 사전』 등이 있어요.

JENDILLUST 젠디

프리랜서 일러스트레이터로 활동하고 있어요. 일상에 희망을 담는 그림으로 감성을 공유하는 걸 좋아합니다. 최근까지 그린 책으로는 어린이 학습 도서 『10분 완성 초등 글쓰기 워크북』과 실용 취미 도서 『조선왕조 MBTI 실록』, 『나의 하루 1줄 쓰기 수첩 - 일본어, 영어 편』 등이 있어요.

12월

31일

과학

적외선

赤 外 線

붉을 **적** 바깥 **외** 줄 **선**

가시광선의 빨간색 바깥쪽에 있는 빛

파장이 가시광선보다 길어서 우리 눈에 보이지 않는 빛이에요. '열선'이라고도 불리는 적외선은 열을 내기 때문에 전열기나 치료기에 많이 쓰여요. 또 비접촉식 온도계나 리모컨 센서로도 이용되고 있답니다.

예문 **적외선** 카메라를 이용하면 깜깜한 밤에도 사물을 볼 수 있어요.

관련 어휘 **레이저:** 주파수가 일정한 빛을 만들어 내는 장치

어휘 일력으로 〈국·수·사·과·예체능〉 전과목 공부해요!

1학년 땐 국어, 수학만 잘하면 되는 줄 알았는데
3학년으로 올라가니까 사회, 과학도
잘해야 하고 5학년 되니까 예체능 이론까지
신경 써야 되더라고. 에휴….

맞아. 과목이 많아지니까
덩달아 모르는 어휘도 많아지고! 그렇다고 모를 때마다
부모님께 일일이 물어보기도 그렇고….
일반 사전은 뜻풀이가 더 어려워 이해하기 힘들고,
스트레스야.

이런 고민을 하는 친구들을 위해
부담 없이 어휘를 익힐 수 있는
『초등 전과목 어휘 일력 365』를 만들었어요.

12월

30일

사회

한국 전쟁

韓	國	戰	爭
나라 한	나라 국	싸울 전	다툴 쟁

1950년 6월 25일에
한반도에서 일어난 전쟁

해방 후 한반도는 이념적 갈등으로 남한과 북한으로 분단되었어요. 38도선을 경계로 남한은 자유 민주주의의 영향을, 북한은 공산주의의 영향을 받았지요. 그러던 중 1950년 6월 25일, 북한이 남한을 침략하며 전쟁이 시작됐어요. 이 전쟁은 치열하게 계속되었고, 한반도는 폐허가 되었어요. 결국 1953년 공식적으로 남한과 북한은 휴전 협정을 맺었고, 오늘날까지 휴전선이 한반도를 나누고 있답니다.

예문 **한국 전쟁**은 한반도뿐만 아니라, 국제 정치에도 큰 영향을 끼쳤어요.

6·25 전쟁으로 이산가족과 전쟁고아들이 수없이 생겨났어요.

시중에 어휘 사전은 많지만,

사실 사전은 평소엔 책꽂이에 꽂아두었다가

아쉬울 때 찾아보게 되잖아요.

'어휘 사전을 책꽂이 밖으로 불러낼 좋은 방법은 없을까?'

생각하다가 365일 매일매일 볼 수 있는

입체형 어휘 일력을 떠올리게 되었어요.

눈앞에 두면 저절로 보게 되고,

저절로 하나의 단어가 익혀질 테니까요.

365일이면 어휘 일력 한 권이 내 머릿속으로 쏘옥!!

직유법, 입체 도형, 구석기 시대, 생태계, 올림픽, 대취타, 콜라주….

초등 교과서 〈국어, 수학, 사회, 과학, 체육, 음악, 미술〉에 수록된

전과목 어휘를 미리미리 알아두면 학교에서 배우는 공부도 신이 나겠죠?

학업 스트레스에 시달리는 초등학생의 마음을 미리 알고,

교과서에 나오는 단어로만 쏙쏙 빼서 만든 『초등 전과목 어휘 일력 365』.

밥 먹듯 매일매일 봐 주세요!

초등교육 전문가 정명숙

12월

29일

음악

화음

和 音

화할 화 소리 음

어울려 나는 소리

높이가 다른 두 개 이상의 음이 동시에 울려서 생기는 소리예요. 하나의 음이 울리는 단음보다 두 개 이상의 음이 함께 울리면 더 풍부한 소리가 나요. '으뜸화음, 버금딸림화음, 딸림화음'을 주요 3화음이라고 해요.

예문 **화음**은 작곡가가 음악을 만들 때 중요한 역할을 해요.

책의 구성

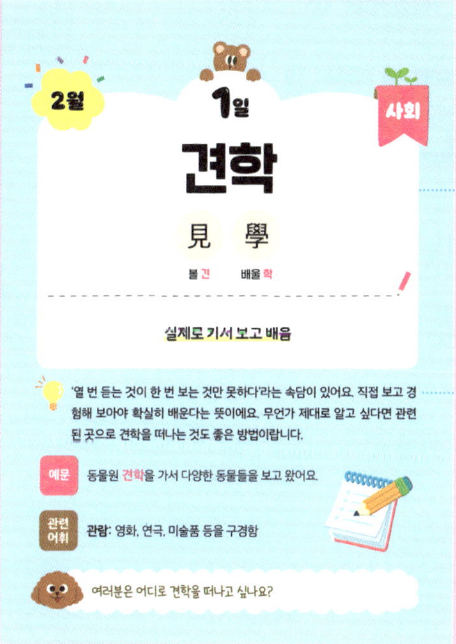
2월

1일

견학

見 學

볼 견 배울 학

실제로 가서 보고 배움

'열 번 듣는 것이 한 번 보는 것만 못하다'라는 속담이 있어요. 직접 보고 경험해 보아야 확실히 배운다는 뜻이에요. 무언가 제대로 알고 싶다면 관련된 곳으로 견학을 떠나는 것도 좋은 방법이랍니다.

예문 동물원 견학을 가서 다양한 동물들을 보고 왔어요.

관련 어휘 **관람:** 영화, 연극, 미술품 등을 구경함

여러분은 어디로 견학을 떠나고 싶나요?

1 하루에 하나씩, 전과목 필수 어휘를 익혀요. 어휘의 뜻을 알기 쉽게 한자나 영어를 함께 써 두고, 짧은 뜻풀이도 담았어요.

2 자세하지만, 쉽고 재미있는 설명이 들어 있어요.

예문 — 3 예문을 통해 어휘의 쓰임을 한 번 더 익혀요.

관련 어휘 — 4 관련 어휘를 통해 단어를 확장시켜요.

5 마지막 한마디도 잊지 말고 살펴보세요!

12월

28일

국어

훈민정음

訓	民	正	音
가르칠 **훈**	백성 **민**	바를 **정**	소리 **음**

백성을 가르치는 바른 소리

1443년에 세종 대왕이 만든 우리나라 글자예요. 그 당시에는 한자만 사용했는데, 한자는 백성들이 읽고 쓰기에 너무 어려웠어요. 그래서 백성들이 자신의 생각을 쉽게 표현하고, 글을 읽고 쓸 수 있도록 배우기 쉬운 글자인 훈민정음을 만든 거예요.

예문 『**훈민정음**해례본』에는 한글을 창제한 이유, 자음과 모음이 만들어진 원리가 적혀 있어요.

'한글'은 훈민정음을 20세기 이후에 달리 부르는 말이에요.

12월

27일

일식

日 蝕

해 **일** 좀먹을 **식**

태양이 달에 의해
가려지는 현상

일식은 '태양-달-지구'가 일직선이 될 때, 달이 태양과 지구 사이에 있어서 태양의 일부나 전부가 달에 가려지는 현상이에요.

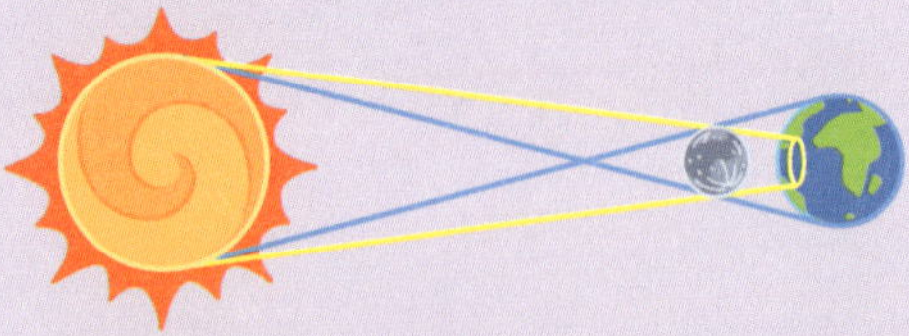

예문 개기 **일식** 때는 달이 태양을 완전히 가려 대낮이 밤처럼 어두워져요.

관련 어휘 **월식**: 지구의 그림자에 의해 달의 일부나 전부가 가려지는 현상

1월

1일

국어

정독

精 讀

자세할 **정** 읽을 **독**

뜻을 새겨 가며 자세히 읽음

정독은 내용을 충분히 이해하면서 깊게 읽는 독서법이에요.

예문 어려운 책이라도 인내심을 가지고 **정독**하다 보면 이해가 된답니다.

관련 어휘

다독: 많은 책을 읽는 독서법

속독: 빠른 속도로 읽는 독서법

통독: 처음부터 끝까지 훑어 읽는 독서법

여러분은 어떤 독서법이 가장 좋은가요?

12월

26일

수학

백분율

百 分 率

일백 **백** 나눌 **분** 비율 **율**

100으로 나눈 비율

전체 기준량을 100으로 할 때 차지하는 양의 비율이에요. 백분율을 나타낼 때는 퍼센트(%)로 표현해요. 예를 들어, 100점 만점인 시험에서 90점을 맞았다면 90% 맞은 거예요.

$$2:5 = \frac{2}{5} = 0.4 = 40\%$$

비 분수 소수 백분율

백분율은 비율에 100을 곱한 값

예문 총 100명 중 99명이 강의에 참석했으면 **백분율**로 99%예요.

과자 30% 할인 등 실생활에서 백분율을 많이 사용해요.

1월

2일

과학

감각

感 覺

느낄 감 깨달을 각

눈, 코, 귀, 혀, 피부를 통해 바깥의 어떤 자극을 알아차림

눈, 코, 귀, 혀, 피부는 우리 몸의 감각을 담당하는 곳으로 주변으로부터 전달된 자극을 느끼고 받아들여요.

예문 머리카락에는 **감각** 기관이 없어서 잘라 내도 아프지 않아요.

관련 어휘

자극: 감각 기관에 반응을 일으키는 작용

오감: 시각(눈), 후각(코), 청각(귀), 미각(혀), 촉각(피부)의 다섯 가지 감각

12월

25일

사회

금융 기관

金 融 機 關

돈 금 통할 융 틀 기 빗장 관

금융 업무를 하는 기관

금융이란, 돈을 빌리거나 빌려주는 일이에요. 대표적인 금융 기관으로는 돈을 맡아 주고 빌려주는 은행, 사고가 났을 때 도와주는 보험 회사, 기업의 주식을 사고파는 증권 회사 등이 있어요.

예문 금융 기관 덕분에 사람들이 손쉽게 돈을 주고받을 수 있어요.

관련 어휘 **주식:** 회사에 필요한 돈을 투자해 준 사람들에게 파는 증서

한국은행은 지폐와 동전을 발행하고, 정부와 은행에 돈을 빌려줘요.

1월

3일

사회

전통문화

傳 統 文 化

전할 전 계통 통 글월 문 될 화

한 나라에 전해 내려오는
고유한 문화

보존하고 이어 나갈 가치가 있는 전통문화는 끊임없이 계승하고 발전시켜야 해요. 한복, 한식, 한옥, 한가위 등의 전통문화는 과거와 현재를 이어 주고 한국인으로서 긍지를 느끼게 해 줘요.

예문 전통 음식·전통놀이·전통 의상·세시 풍속 모두 **전통문화**에 속해요.

관련 어휘

고유: 본래 가지고 있는 특별한 것

세시 풍속 : 매년 명절과 절기에 행해지는 우리 고유의 풍속

이번 명절에는 가족들과 윷놀이 같은 전통놀이를 즐겨 볼까요?

12월

24일

판화

版 畫

널빤지 **판** 그림 **화**

판에 찍어 낸 그림

판화는 나무, 돌, 금속 등의 판에 그림을 새겨서 잉크나 물감 등을 칠하고 찍어 내는 그림이에요. 판과 찍어 낸 그림의 좌우가 바뀌어 나타나고, 똑같은 그림을 여러 장 찍을 수 있는 게 특징이에요.

예문 **판화**는 재료에 따라 목판화, 동판화, 고무 판화로 구분할 수 있어요.

관련 어휘 **스텐실:** 판지에 글자나 그림을 오려 내고, 그 구멍에 물감을 넣어 찍어 내는 기법

1월

4일

음악

가락

리듬을 바탕으로
소리의 높낮이를 표현한 음의 흐름

리듬	가락
 박자 ✓ ✓ ✓ ✓ 셈여림 강 약 중강 약	 계이름 도 미 솔 도
리듬 악기 북, 장구, 캐스터네츠 등	**가락 악기** 바이올린, 피아노, 리코더 등

예문 **가락**, 리듬, 화성을 음악의 3요소라고 해요.

관련 어휘

음악: 목소리나 악기를 통해 사상이나 감정을 나타내는 예술

리듬: 음의 길이와 셈여림이 조화된 것

12월 23일

국어

복합어

複 合 語

겹칠 **복** 합할 **합** 말씀 **어**

겹쳐서 합한 말

복합어는 더 작은 부분으로 나눌 수 있는 단어예요. 복합어에는 합성어와 파생어가 있어요. '손수건(손+수건)'처럼 뜻이 있는 두 낱말을 합하여 만든 단어를 합성어, '개구쟁이(개구+-쟁이)'처럼 뜻이 있는 말과 뜻을 더해 주는 말을 합하여 만든 단어를 파생어라고 해요.

예문 김밥은 '김'과 '밥'이 합쳐진 **복합어**예요.

관련 어휘 **단일어:** 더 작은 부분으로 나눌 수 없는 단어

1월

5일

수학

등식

等 式

같을 등　　법 식

등호를 사용해
두 수나 식이 같음을 나타낸 관계식

등식의 양변에 같은 수를 더하거나 빼도 등식이 성립해요.

예문 '7의 3배에 2를 뺀 값은 19와 같다'를
등식으로 나타내면 '$7 \times 3 - 2 = 19$'가 돼요.

관련 어휘 **등호**: 두 수나 식이 같음을 나타내는 부호(=)를 이르는 말

12월 22일

과학

풍화 작용

風 化 作 用

바람 **풍** 될 **화** 지을 **작** 쓸 **용**

바람 등의 작용으로 암석이 부서지는 일

지표면에 드러난 암석이 햇빛, 공기, 물, 바람 등에 의해 점차 부서지는 것을 풍화 작용이라고 해요. 풍화 작용으로 깨진 돌은 물과 바람 따위로 더 잘게 깎인답니다. 그리고 이때 생긴 흙, 모래, 자갈은 강물과 바람을 따라 다른 곳으로 이동해요.

예문 엄청 단단한 바위도 **풍화 작용**으로 점차 약해지고 부서져요.

관련 어휘

침식 작용: 비, 바람, 강물 등이 바위, 돌, 흙을 깎는 것

운반 작용: 흐르는 물이나 바람이 흙, 모래, 자갈 따위를 옮기는 것

1월

6일

과학

유전

遺 傳

남길 **유** 전할 **전**

부모가 지닌 특성이
자식에게 전해지는 현상

세포의 핵 속에는 유전 정보를 저장하는 DNA가 들어 있어서 부모의 겉모습과 성격을 자식에게 전달할 수 있어요.

예문 내 친구는 **유전**적으로 뛰어난 운동 신경을 가졌어요.

관련 어휘 **진화**: 생물이 오랜 세월 동안 여러 세대를 거치면서 몸의 구조와 생김새가 변화되는 현상

나는 부모님께 어떤 점을 물려받은 것 같나요?

12월

21일

사회

혁명

革 命

고칠 **혁** 목숨 **명**

고쳐서 바꿈

이전의 방식에서 벗어나 새로운 것으로 고쳐 변화시키는 일을 뜻해요. 혁명이 일어나면 관습과 제도뿐만 아니라 정권이 바뀌기도 해요. 우리나라의 대표적인 혁명 중 하나인 4·19 혁명 때도 그랬어요. 많은 시민들과 학생들은 부정 선거로 짓밟힌 민주주의를 바로 세우고자 시위에 나섰고, 그 결과 이승만 대통령은 자리에서 물러났어요. 그리고 재선거를 통해 새로운 정부가 세워졌답니다.

예문 4·19 **혁명**은 우리나라 최초의 민주 혁명이에요.

관련 어휘 **시위**: 뜻이 같은 사람들끼리 공개적인 장소에 모여 주장을 알리는 행위

1월 7일 사회

고장

사람들이 모여 사는
지방이나 지역

고장은 넓은 의미로 우리가 살고 있는 지역 전체를 말해요. 서울이나 부산 같은 대도시, 전라도나 경상도 같은 큰 지역이 넓은 의미에 포함돼요. 반면, 고장의 좁은 의미는 해남 땅끝 마을, 속초 아바이 마을처럼 우리 집 주변의 마을을 뜻해요. 조금 더 작고 친근한 느낌이 드는 곳이지요.

예문 우리 **고장**에는 사과가 유명해서 매년 사과 축제가 열려요.

관련 어휘

지방: 남쪽, 동쪽 같은 어느 방면의 땅, 또는 서울을 제외한 지역

지역: 지형, 기후, 산업 등 어떤 특징으로 나눈 범위의 땅

12월 20일

과학

분해자

分 解 者

나눌 **분** 쪼갤 **해** 것 **자**

나누고 쪼개는 일을 하는 생물

죽은 생물의 몸이나 배설물을 분해하는 생물을 말해요. 분해자에는 곰팡이나 세균 등이 있어요. 분해자 덕분에 분해된 물질이 흙 속의 양분이 되고, 생태계가 깨끗하게 유지돼요.

예문 **분해자**가 없으면 죽은 동물이 땅에 쌓이고 식물도 잘 자라지 못해요.

분해자는 '자연의 청소부'라는 별명을 가지고 있어요.

1월

8일

수학

사칙 연산

四 則 演 算

넷 **사** 법칙 **칙** 펼 **연** 셈 **산**

네 가지 셈법을 이용한 계산

사칙 연산의 기호로는 덧셈 기호(+), 뺄셈 기호(-), 곱셈 기호(×), 나눗셈 기호(÷)가 있어요. 즉 사칙 연산은 덧셈, 뺄셈, 곱셈, 나눗셈을 이용한 계산이에요.

예문 이번 시간에는 **사칙 연산** 문제들을 풀어 보아요.

관련 어휘 **연산:** 수나 식을 정해진 규칙에 따라 계산함

3+5-2의 답은 뭘까요? 맞아요, 6이에요.

12월

19일

사회

광복

光 復

빛 광 회복할 복

빼앗긴 주권을 되찾음

1910년 이후, 우리나라는 주권을 빼앗긴 채 35년간 일제의 식민 통치를 받았어요. 일제는 우리나라뿐만 아니라, 아시아의 여러 나라를 점령하면서 태평양 전쟁을 일으켰어요. 하지만 미국의 원자 폭탄 공격을 받고, 1945년 8월 15일 연합군에게 항복을 선언했답니다. 이에 따라 우리나라도 광복을 맞이하게 되었어요.

예문 **광복**을 맞이하자, 사람들이 기뻐하며 태극기를 흔들었어요.

우리나라는 광복을 기념하고자 8월 15일을 국경일로 지정하였어요.

1월

9일

과학

산소

酸 素

식초 산　　본디 소

생물이 숨을 쉬는 데 필요한 기체

산소는 숨을 쉬는 것뿐만 아니라 양초나 나무가 잘 탈 수 있게 도와주기도 해요. 또 철봉이 녹스는 것처럼 어떤 물질을 변하게 만들기도 한답니다.

예문　물고기는 아가미로 물속에 녹아 있는 **산소**를 마셔요.

관련 어휘
산화: 어떤 물질이 산소와 결합하거나 수소를 잃는 현상
이산화 탄소: 생물이 호흡하거나 물질이 탈 때 생기는 기체

사과를 깎아 놓으면 갈색으로 변하는 것도 산화 때문이에요.

12월

18일

국어

타당성

妥 當 性

온당할 **타** 마땅할 **당** 성질 **성**

온당하고 마땅한 성질

타당성은 어떤 생각이나 행동이 이치에 맞고 말이 되는지를 나타내는 성질이에요. 특히 어떤 의견을 말할 때는 근거의 타당성과 표현의 적절성이 중요해요. 주장에 대한 근거가 올바른지, 객관적인 표현을 사용했는지 잘 살펴봐야 한답니다.

예문 회장을 뽑기 전에 각 후보의 공약이 **타당성**이 있는지 판단해야 해요.

관련 어휘 **적절성**: 꼭 알맞은 성질

1월

10일

사회

답사

踏 査

밟을 답　조사할 사

현장에 가서 직접 조사함

답사를 떠나기 전에는 먼저 답사 계획을 세워요. 그리고 계획에 따라 답사하면서 메모나 사진으로 조사한 내용을 기록해요. 수집한 자료는 나중에 정리하여 답사 보고서에 담으면 돼요.

예문 우리는 신라 유물을 살펴보기 위해 경주로 **답사**를 떠날 거예요.

관련 어휘 **탐방**: 어떤 사실이나 소식을 알아내기 위해 사람이나 장소를 찾아감

12월

17일

수학

전개도

展 開 圖

펼 전　　열 개　　그림 도

펼쳐 연 그림

입체 도형을 펼쳐서 평면에 나타낸 그림을 말해요. 전개도를 보면 각 면의 모양과 크기, 변의 수를 쉽게 알 수 있어요.

예문 **전개도**에서 접히는 부분은 점선으로, 나머지 부분은 실선으로 나타내요.

1월

11일

국어

건의

建 議

세울 **건** 의견 **의**

의견을 내놓음

건의란, 개인이나 단체가 의견을 내놓는 일이에요. 우리는 부모님께 용돈을 올려 달라는 건의를 하기도 하고, 학급 회의 시간에 '건의 사항' 순서에서 의견을 말하기도 해요.

예문 도서관에 새로운 책을 추가해 달라고 사서 선생님께 **건의**했어요.

관련 어휘 **제의**: 논의할 주제나 의견을 내놓음

혹시 학교에 건의하고 싶은 게 있나요?

12월

16일

음악

행진곡

行 進 曲

갈 행 나아갈 진 악곡 곡

행진할 때 쓰는 곡

행진할 때 쓰는 반주용 음악이에요. 행진곡에는 걸으면서 연주가 가능한 관악기와 타악기가 주로 쓰인답니다. 군대 행진곡처럼 빠른 음악도 있고, 결혼 행진곡처럼 느린 것도 있어요.

예문 모차르트의 「터키 **행진곡**」과 멘델스존의 「결혼 행진곡」이 유명해요.

1월

12일

수학

암산

暗 算

어두울 **암** 셈 **산**

속으로 하는 셈

속으로 셈한다는 것은 필기도구나 계산기를 사용하지 않고, 머릿속으로만 계산하는 거예요.

예문 선생님, 저는 **암산**으로 두 자리 수 곱셈을 할 수 있어요!

관련 어휘 **필산:** 연필로 숫자를 쓰면서 하는 셈

12월

15일

과학

리트머스

litmus

리트머스이끼에서 얻어 낸 색소

리트머스는 리트머스이끼의 색소를 우려낸 용액을 거름종이에 적신 다음 말려서 만든 것이에요. 리트머스 종이는 푸른색과 붉은색이 있는데, 산성과 염기성을 판단하는 지시약으로 쓰여요. 푸른색 리트머스 종이는 산성 물질을 만나면 붉게 변하고, 붉은색 리트머스 종이는 염기성 물질을 만나면 푸르게 변하거든요.

예문 푸른색 **리트머스** 종이를 레몬즙에 넣었더니 붉은색으로 변했어요.

관련 어휘 **지시약**: 용액의 성질이 무엇인지 알려 주는 물질

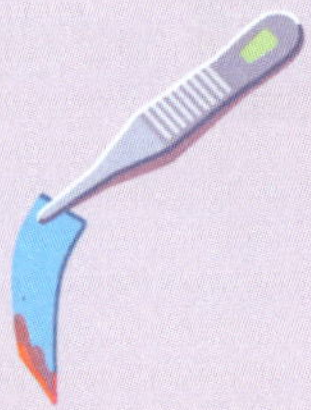

1월

13일

과학

온도

溫 度

따뜻할 온 정도 도

따뜻한 정도

따뜻함과 차가움의 정도를 숫자로 나타낸 것이에요. 공기의 온도는 기온, 물의 온도는 수온, 몸의 온도는 체온이라고 해요. 온도계를 이용하면 물질의 온도를 쉽고 정확하게 측정할 수 있어요.

예문 우리 몸의 평균 **온도**는 36.5℃예요.

관련 어휘 **온도계:** 물체의 온도를 재는 기구

12월

14일

사회

고령화

高 齡 化

높을 고 나이 령 될 화

노인의 인구 비율이 높은 상태

한 사회에서 65세 이상의 인구가 전체 인구의 7% 이상이면 고령화 사회, 14% 이상이면 고령 사회, 20% 이상이면 초고령 사회라고 해요. 고령화 사회는 경제 활동 인구가 감소하면서 국가 경쟁력이 약화되고, 노인 부양에 대한 젊은 사람들의 부담이 늘어날 수 있어요.

예문 고령화 사회에서는 복지, 건강, 일자리 문제를 다 같이 해결해야 해요.

관련 어휘 **저출생:** 일정한 기간에 태어난 사람의 수가 적음

우리나라는 2024년 12월을 기준으로 초고령 사회에 진입했어요.

1월

14일

미술

픽토그램

pictogram

그림 문자

사물이나 시설을 단순하게 나타낸 그림 문자이기 때문에 의미를 빠르고 쉽게 전달할 수 있어요. 그래서 세계 공통으로 사용하고 있답니다.

비상구

화장실

지하철

사진 금지

예문 주로 공공시설이나 교통 표지판에서 **픽토그램**을 발견할 수 있어요.

12월 13일 수학

비례

比 例

견줄 비 법식 례

두 양이 서로 같은 비율로 증가하거나 감소하는 관계

비례에는 정비례와 반비례가 있어요. 먼저 정비례는 한쪽이 많아지면 다른 쪽도 같이 많아지는 거예요. 사탕 하나에 500원이면 두 개는 1,000원, 세 개는 1,500원이 되는 것처럼요. 반대로 반비례는 한쪽이 많아지면 다른 쪽은 줄어드는 거예요. 피자 한 판을 2명이 나눠 먹을 때보다 4명이 나눠 먹을 때 한 사람당 먹는 양이 줄어드는 것처럼요.

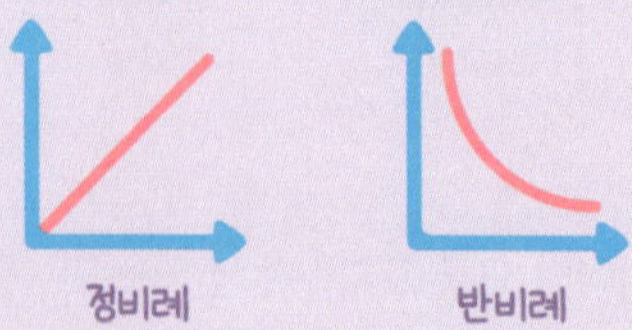

예문 운동을 많이 할수록 체력이 좋아지는 건 정**비례** 관계라 할 수 있어요.

1월

15일

국어

속담

俗 談

풍속 **속** 말씀 **담**

예로부터 전해 오는 쉬운 말

속담에는 옛사람들의 생각과 지혜, 생활 모습과 교훈이 담겨 있어요. 그래서 속담을 공부하면 세상을 바라보는 관점을 넓히고, 앞으로 겪게 될 다양한 문제들을 해결할 수 있답니다.

예문 '바늘 가는 데 실 간다'는 **속담**은 둘 사이가 긴밀해서 늘 서로 붙어 다닌다는 뜻을 담고 있어요.

관련 어휘

격언: 교훈이 될 만한 짧은 말

명언: 많은 사람에게 전해진 훌륭한 말

12월

12일

과학

기생

寄 生

기댈 기　　살 생

다른 생물에 기대어 살아감

기생은 한 생물이 다른 생물의 영양분을 뺏으며 살아가는 일이에요. 사람에 기생하는 기생충, 나무에 기생하는 버섯, 동물에 기생하는 벼룩 등이 있답니다. 기생 생물은 숙주로부터 영양분을 얻고 서식지를 공급받지만, 숙주는 피해를 보게 돼요.

예문 야생 진드기는 사람이나 동물의 피부에 **기생**하면서 피를 빨아 먹는 해충이에요.

관련 어휘 **숙주:** 기생 생물에게 영양분을 공급하는 생물

1월

16일

과학

화산

火 山

불 **화** 산 **산**

땅속에 있는 마그마가 터져 나와 만들어진 산

화산이 터질 때는 분화구에서 용암과 함께 화산 가스, 화산재, 화산탄 등의 화산 분출물이 나와요.

예문 **화산** 근처에는 유명한 온천이 많이 있어요.

관련 어휘 **마그마:** 지하에서 암석이 고온으로 가열되어 녹은 것

12월

11일

국어

감정

感 情

느낄 **감** 뜻 **정**

느끼는 마음

어떤 일이나 사물에 대하여 일어나는 마음, 또는 느끼는 기분이에요. 기쁨, 즐거움, 슬픔, 두려움, 불안 등의 감정은 우리가 본능적으로 느끼는 감각이랍니다. 감정은 말로 표현하지 않아도 표정으로 드러날 때가 많아요.

예문 슬픈 영화를 보고 **감정**이 북받쳐 눈물이 또르르 흘렀어요.

마음속 다섯 가지 감정들이 주인공으로 나오는 영화도 있어요!

1월

17일

사회

구석기 시대

舊 石 器 時 代

옛 구 돌 석 도구 기 때 시 시대 대

떤석기를 도구로 사용하던 시대

역사를 기록하기 이전의 시대를 '선사 시대'라고 해요. 어떤 도구를 사용했는지에 따라 구석기, 신석기, 청동기, 철기 시대로 구분해요.

예문 구석기 시대에는 사냥과 채집을 하며 이동 생활을 했어요.

관련 어휘 **뗀석기:** 돌과 돌을 부딪쳐 깨뜨려 만든 도구

12월

10일

사회

독립운동

獨 立 運 動

홀로 **독** 설 **립** 옮길 **운** 움직일 **동**

독립을 위해 일어났던 민족 운동

일제 강점기에 많은 사람들이 빼앗긴 나라를 되찾기 위해 목숨을 걸고 싸웠어요. 그때 일어난 대표적인 독립운동으로 3·1 운동, 6·10 만세 운동, 광주 학생 항일 운동 등이 있어요. 유관순, 김구, 이봉창, 윤봉길 같은 독립운동가 덕분에 우리는 지금처럼 자유로운 나라에서 살게 되었답니다.

예문 유관순 열사는 **독립운동**을 하다가 일본 경찰에게 체포되었어요.

관련 어휘 **열사:** 나라와 민족을 위해 맨몸으로 저항하여 싸운 사람

1월 18일

사회

신석기 시대

新 石 器 時 代

새 신 / 돌 석 / 도구 기 / 때 시 / 시대 대

간석기를 도구로 사용하던 시대

구석기 시대와 달리, 농사를 짓고 가축을 기르며 정착 생활을 시작했어요. 그리고 빗살무늬 토기를 만들어 음식이나 곡식을 담아 보관했답니다.

예문 **신석기 시대**에는 움집을 지어 살았어요.

관련 어휘 **간석기:** 돌을 갈아서 만든 도구

12월

9일

수학

평행

平 行

평평할 평　　갈 행

두 직선이나 평면이 나란히 감

평행은 두 직선이나 평면이 나란히 있어 만나지 않는 상태를 말해요. 평행인 두 직선과 평면은 간격이 항상 같고, 가까워지지도 멀어지지도 않아요.

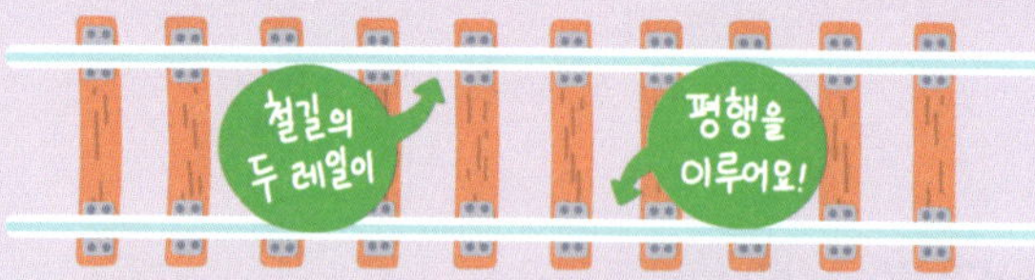

예문 서로 **평행**인 선은 양쪽으로 길게 늘여도 절대 만나지 않아요.

관련 어휘 **평행 사변형:** 마주 보는 두 쌍의 변이 서로 평행한 사각형

1월

19일

국어

사투리

어느 한 지역에서 쓰는 특별한 말

사투리를 쓰면 다른 지역 사람과는 의사소통이 잘 안될 수 있지만, 같은 지역 사람끼리는 친근함과 정을 느낄 수 있어요.

예문 '어서 오세요'의 제주도 **사투리**는 '혼저옵서예'예요.

관련 어휘 **표준어:** 한 나라의 표준이 되는 말

우리나라에서는 현대 서울말을 표준어로 삼고 있어요.

12월

8일

국어

비교

比 較

견줄 **비** 견줄 **교**

둘 이상의 대상을 서로 견주어 봄

비교는 둘 이상의 대상을 견주어 공통점을 중심으로 설명하는 방법이에요. 반대로 둘 이상의 대상을 견주어 차이점을 중심으로 설명하는 방법은 '대조'라고 해요. 비교와 대조의 방법으로 대상을 설명하면 그 특징을 잘 드러낼 수 있어요. 단, 비교와 대조의 방법을 활용할 때는 두 대상이 같은 범주에 속해 있어야 해요. 그리고 기준을 정해 두 대상을 나란히 견주어야 해요.

예문 호랑이와 사자를 **비교**하면, 둘 다 육식 동물이라는 공통점이 있어요.

여름과 겨울을 비교와 대조의 방법으로 설명해 볼까요?

1월

20일

사회

분지

盆 地

그릇 분 땅 지

오목한 그릇처럼 생긴 땅

해발 고도가 높은 지형으로 둘러싸인 평평한 땅이에요. 높은 산으로 둘러싸여 있어 적을 방어하기 좋고, 땅이 평평하고 강물이 풍부해서 농사짓기에 알맞아요. 그래서 옛날부터 분지에 크고 작은 도시가 발달했답니다.

예문 대구는 우리나라의 대표적인 **분지**예요.

관련 어휘 **함지땅:** '분지'의 순우리말

12월

7일

과학

전도

傳 導

전할 전　이끌 도

전하여 이동함

주로 고체에서 열이 물질을 따라 온도가 높은 곳에서 낮은 곳으로 전달되는 현상이에요. 은·구리·철 같은 금속 물질은 열을 잘 전달하지만, 나무·플라스틱·유리 같은 비금속 물질은 열을 잘 전달하지 못해요. 그래서 냄비의 몸체는 금속으로, 손잡이는 플라스틱으로 만드는 거예요.

예문 뜨거운 냄비에 넣어 둔 숟가락이 점차 뜨거워지는 것도 열의 **전도** 현상 때문이에요.

전도는 고체에서, 대류는 액체나 기체에서 일어나요!

1월

21일

과학

재활용

再 活 用

다시 **재** 살 **활** 쓸 **용**

못 쓰게 된 물건을 가공하여 다시 씀

우리가 매일 버리는 쓰레기들을 다 땅에 묻고 태우면 환경이 심각하게 오염되겠죠? 환경을 보호하기 위해서는 재활용을 잘해야 한답니다.

예문 **재활용**을 잘하면 깨끗한 지구를 만들 수 있어요.

관련 어휘 **아나바다 운동:** '아껴 쓰고, 나누어 쓰고, 바꾸어 쓰고, 다시 쓰다'의 줄임말로, 중고 물품을 서로 교환하거나 판매하여 자원 재활용을 실천하는 캠페인

재활용도 중요하지만, 쓰레기를 만들지 않는 게 더 중요해요!

12월

6일

사회

가계

家 計

집 가 셈 계

가정의 경제

가계는 경제 활동을 하는 가장 기초적인 단위로, 한 가정의 수입과 지출 상태를 말해요. 대부분의 가정에서는 생산 활동에 참여하여 소득을 얻고, 그 돈으로 물건을 사거나 서비스를 이용하는 등 소비 활동을 해요.

예문 부모님은 **가계**부를 쓰시면서 이번 달 지출을 조절하셨어요.

관련 어휘

소비: 필요한 물건이나 서비스를 구매하기 위해 돈을 쓰는 일

지출: 어떤 목적을 위해 돈을 지급하는 일

1월

22일

국어

저작권

著 作 權

지을 저 지을 작 권리 권

창작물을 만든 사람의 권리

글, 그림, 사진, 노래 등의 창작물을 만든 사람을 '저작자'라고 해요. 이들의 허락 없이 창작물을 이용하게 되면 저작권 침해가 돼요.

예문 **저작권**을 지키는 건 작가와 작품을 존중하는 일이에요.

관련 어휘 **표절:** 다른 사람이 만든 작품의 일부를 몰래 따다 쓰는 행위

내가 열심히 만든 작품을 누가 베끼면 정말 속상하겠죠?

12월 5일

체육

필드

field

운동 경기를 하는 광장

필드는 육상 경기장의 트랙 안쪽에 만들어진 넓은 경기장이에요. 필드에서는 멀리뛰기, 높이뛰기처럼 뛴 거리와 높이를 겨루는 경기와 창던지기, 원반던지기처럼 물체를 던진 거리를 겨루는 경기가 펼쳐져요.

예문 **필드**는 비교적 넓은 경기장이고, 코트는 비교적 좁은 경기장이에요.

관련 어휘 **트랙:** 육상 경기장이나 경마장의 경주로,
또는 육상 경기 중 트랙에서 하는 경기를 통틀어 이르는 말

1월 23일

과학

일기 예보

日 氣 豫 報

날 **일** 기운 **기** 미리 **예** 알릴 **보**

날씨의 변화를 예상하여 미리 알려 주는 일

기상청은 일기도를 통해 시간에 따른 날씨를 분석하고, 앞으로의 대기 상태를 예측해요. 일기 예보 덕분에 우리는 날씨 정보를 토대로 여행 계획을 짜거나 농사를 지을 수 있어요.

예문 **일기 예보**에 따르면 다행히 소풍날 비가 오지 않는대요.

관련 어휘

기상청: 우리나라 날씨를 관측하고 미리 알리는 행정 기관

일기도: 날씨를 한눈에 볼 수 있게 약속된 숫자와 기호로 나타낸 지도

12월

4일

국어

존중

尊 重

높을 존　　귀중할 중

높이고 귀중히 여김

존중은 누군가를 높이어 귀하게 여기는 것이에요. 사람이 갖춰야 할 중요한 덕목 중 하나랍니다. 내가 상대방을 존중해야 상대방도 나를 존중해 줄 수 있어요.

예문　서로 다른 점을 이해하고, 예의 있게 행동하는 것도 **존중**하는 마음이에요.

1월 24일

사회

고인돌

청동기 시대의 대표적인 무덤

고인돌은 아주 거대한 바위를 굄돌 위에 올려놓은 형태를 띠고 있어요. 이를 통해 무덤의 주인은 수많은 사람을 동원할 수 있는 힘을 가진 지배자라고 추측할 수 있답니다.

예문 우리나라에는 세계 문화유산으로 등록된 **고인돌** 유적이 있어요.

관련 어휘 **청동기:** 청동으로 만든 도구

12월 3일 사회

일제 강점기

日 帝 強 占 期

날 **일** 임금 **제** 억지로 **강** 점령할 **점** 때 **기**

일본 제국이 우리나라를 강제로 점령한 시기

일제에 나라를 빼앗긴 1910년부터 해방된 1945년까지 우리 민족이 수난을 겪었던 시기예요. 일제는 조선 총독부를 설치하고, 여러 정책을 펼치며 우리나라의 역사, 문화, 경제 등 모든 걸 탄압했어요. 하지만 우리 민족은 빼앗긴 주권을 되찾고 민족정신을 계승하기 위해 끊임없이 노력했답니다.

예문 김구는 **일제 강점기** 때 중국 상하이에 '대한민국 임시 정부'를 세우고 독립운동을 했어요.

일제는 우리말 사용을 금지하고 일본식으로 이름과 성을 바꾸게 했어요.

1월

25일

국어

문어체

文 語 體

글월 문 말씀 어 몸 체

일상적인 대화가 아닌,
주로 글에서 쓰는 말투

문어체는 격식 있는 표현과 공식적인 말투가 많이 들어가 있어서 딱딱한 느낌이 들어요. 그래서 일상적인 대화에서는 잘 쓰이지 않아요.

예문 **문어체**는 책이나 뉴스 기사 같은 공식적인 글에서 많이 쓰여요.

관련 어휘 **구어체:** 일상적인 대화에서 쓰는 말투

'이건 내 거야!'를 문어체로 바꾸면
'이것은 내 것입니다.'로 표현할 수 있어요.

12월

2일

수학

통분

通 分

통할 통 나눌 분

서로 다른 분수의 분모를 같게 하는 것

분모가 다른 분수의 크기를 비교하거나, 덧셈과 뺄셈을 할 때는 통분을 해야 해요. 이때 두 분모의 곱으로 통분하는 방법과 두 분모의 최소 공배수로 통분하는 방법이 있어요.

두 분모의 곱으로 통분하기

$$\frac{5}{6}=\frac{5\times4}{6\times4}=\frac{20}{24},\quad \frac{3}{4}=\frac{3\times6}{4\times6}=\frac{18}{24}$$

두 분모 6과 4의 곱 24

두 분모의 최소 공배수로 통분하기

$$\frac{5}{6}=\frac{5\times2}{6\times2}=\frac{10}{12},\quad \frac{3}{4}=\frac{3\times3}{4\times3}=\frac{9}{12}$$

두 분모 6과 4의 최소 공배수 12

예문 통분을 하면 분모가 다른 분수들을 쉽게 더하거나 뺄 수 있어요.

1월 26일

사회

국경일

國 慶 日

나라 국 경사 경 날 일

나라의 경사를 기념하는 날

우리나라는 삼일절(3월 1일), 제헌절(7월 17일), 광복절(8월 15일), 개천절(10월 3일), 한글날(10월 9일)을 5대 국경일로 정했어요.

예문 **국경일**은 나라의 특별한 날이니까 국기를 게양해요.

12월 1일 과학

받침점

물체를 떠받치는 지렛대를 괸 점

친구와 시소를 타는 모습을 상상해 보세요. 한쪽이 올라가면 다른 쪽이 내려가죠? 시소가 잘 움직일 수 있도록 가운데에서 중심을 잡아 주는 부분이 있는데, 이게 바로 받침점이에요. 받침점에서 힘을 주는 곳까지의 거리가 멀수록, 같은 무게를 더 적은 힘으로 들어 올릴 수 있어요. 이것을 바로 지렛대의 원리라고 해요.

예문 지레는 **받침점**, 힘점, 작용점 사이의 관계를 활용한 도구예요.

관련 어휘 **지레:** 무거운 물건을 움직이는 데에 쓰는 막대기

1월

27일

수학

몫

나눗셈에서 나누어 얻는 수

사탕 6개를 친구 3명에게 똑같이 나누어 주면 한 사람에게 2개씩 줄 수 있어요. 이때 사탕 전체를 나누어지는 수, 친구 3명을 나누는 수, 한 사람에게 돌아가는 사탕 2개를 몫이라고 해요.

예문 15 나누기 5의 **몫**은 3이에요.

관련 어휘 **나머지:** 나누고 남는 수

11월

30일

국어

재청

再 請

다시 **재**　　청할 **청**

다시 청함

다른 사람의 말에 동의하며 그 의견을 다시 청하는 것이에요. 주로 회의나 토론할 때 자주 사용하는 말이에요. 여러 사람이 동의하여 재청하는 의견은 토의 주제가 될 수 있지만, 재청이 없으면 하나의 의견으로 끝나고 말아요.

예문 소풍 장소로 동물원을 추천하는 친구의 의견에 **재청**했어요.

관련 어휘

동의: 다른 사람과 의견을 같이함

이의: 다른 사람과 의견을 달리함

1월

28일

과학

생물

生 物

살 생 만물 물

생명을 가지고
스스로 살아가는 물체

생물은 숨을 쉬고, 영양분을 섭취하면서 자라고, 자신과 닮은 자손을 퍼뜨려요. 생물에는 동물과 식물, 미생물이 있어요.

예문 지구에는 수많은 종류의 **생물**이 살고 있어요.

관련 어휘 **무생물:** 살아 있지 않은 물체

미생물은 엄청 작아서 눈으로 볼 수 없어요.

11월 29일

사회

시민 단체

市	民	團	體
시장 시	백성 민	모일 단	몸 체

시민들이 자율적으로 만들어 활동하는 단체

시민 단체는 사회나 지역 문제를 해결하기 위해 시민들이 스스로 만들어 활동하는 단체를 말해요. 개인보다 사회의 이익을 목적으로 정치, 교육, 환경 등 다양한 분야에서 활동해요.

예문 국가가 예산을 바르게 사용하는지 감시하는 **시민 단체**도 있어요.

그린피스는 지구 환경 보호를 위해 활동하는 국제 시민 단체예요.

1월

29일

미술

공예

工 藝

장인 **공** 재주 **예**

일상생활에 필요한 물건을 아름답고 쓸모 있게 만드는 것

공예품은 주로 구하기 쉬운 나무, 흙, 돌, 종이 등으로 만들어요. 또한 조개 껍데기로 장식한 통영의 나전 칠기, 고령토로 만든 여주의 도자기처럼 지역의 특색에 따라 특산물로 발전하기도 한답니다.

예문 다양한 재료로 창의적인 **공예**품을 만들어 볼까요?

관련 어휘 **특산물**: 어떤 지역에서 특별하게 나거나 만들어지는 물건

공예품은 재료에 따라 금속 공예, 목공예, 종이 공예 등으로 나눌 수 있어요.

11월

28일

과학

카시오페이아

Cassiopeia

W 모양의 다섯 개의 별

영어 W 모양으로 보이는 별자리로, 일 년 내내 볼 수 있어요. 그리스 신화에 나오는 인물의 이름을 따서 만든 별자리인데, 허영심이 강한 왕비가 벌을 받아 별자리가 되었다는 이야기가 전해져 내려오고 있답니다.

예문 **카시오페이아**는 특히 가을과 겨울에 잘 보인대요.

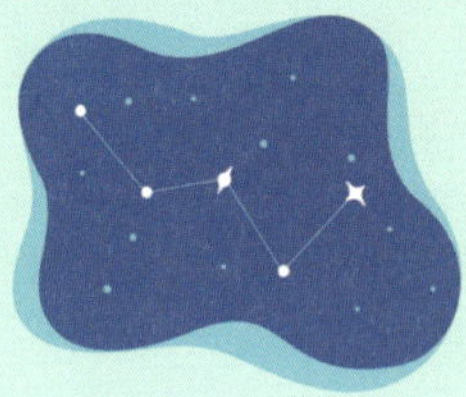

그리스 신화와 관련 있는 별자리들이 많이 있어요!

1월

30일

사회

고조선

古 朝 鮮

옛 고 아침 조 고울 선

우리나라 최초의 국가

기원전 2333년에 단군왕검이 아사달에 도읍하여 세운 나라예요. 단군은 널리 사람을 이롭게 한다는 '홍익인간'을 건국 이념으로 삼고, 사회 질서를 유지하기 위해 '8조법'을 만들어 나라를 다스렸어요.

예문 '단군 신화'는 **고조선**의 건국 이야기예요.

관련 어휘

도읍: 한 나라의 수도를 정함

건국: 나라를 세움

10월 3일 개천절은 고조선 건국을 기념하는 날이에요.

11월

27일

수학

확률

確 率

확실할 확 비율 률

어떤 일이 일어날 확실성의 비율

어떤 일이 일어날 가능성의 정도를 말해요. 모든 경우의 수에 대하여 어떤 사건이 일어날 경우의 수를 숫자로 나타낸 거예요.

$$\text{주사위를 던졌을 때 6이 나올 확률} = \frac{\text{6이 나오는 경우의 수}}{\text{주사위를 던져서 나오는 모든 경우의 수}} = \frac{1}{6}$$

예문 동전 한 개를 던졌을 때 숫자 면이 나올 **확률**은 50%예요.

관련 어휘 **가능성:** 앞으로 실현될 수 있는 성질

1월

31일

국어

바람

어떤 일이 이루어지길
간절히 바라는 마음

소망을 말할 때 '바램'이라고 쓰는 경우가 있어요. 하지만 이는 잘못된 표현이랍니다. 소망을 뜻하는 '바라다'에서 온 말이니까 '바람'으로 적어야 해요.

예문 우리의 간절한 **바람**대로 하얀 눈이 펑펑 쏟아졌어요.

관련 어휘 **바램**: 햇볕을 받아 색이 변함

① 빨리 낫길 바래. ② 빨리 낫길 바라. 어떤 게 맞을까요?
그렇죠! ②번이 정답이에요.

11월

26일

미술

조소

彫 塑

새길 **조** 빛을 **소**

새기고 빚음

조각과 소조를 아울러 이르는 말로, 재료를 깎고 새기거나 빚어서 입체 형상을 만드는 미술이에요. 회화가 평면적으로 이루어지는 2차원 미술이라면, 조소는 입체적으로 만들어지는 3차원 미술이에요.

조각	소조

나무나 돌 같은 재료를 깎아서 만드는 방법	찰흙이나 지점토 같은 재료를 안에서부터 붙여서 만드는 방법

예문 오늘 미술 시간에는 찰흙으로 동물 형태의 **조소** 작품을 만들었어요.

2월

1일

사회

견학

見 學

볼 견 배울 학

실제로 가서 보고 배움

'열 번 듣는 것이 한 번 보는 것만 못하다'라는 속담이 있어요. 직접 보고 경험해 보아야 확실히 배운다는 뜻이에요. 무언가 제대로 알고 싶다면 관련된 곳으로 견학을 떠나는 것도 좋은 방법이랍니다.

예문 동물원 **견학**을 가서 다양한 동물들을 보고 왔어요.

관련 어휘 **관람**: 영화, 연극, 미술품 등을 구경함

여러분은 어디로 견학을 떠나고 싶나요?

11월 25일

사회

인공 지능

人 工 知 能

사람 인 기능 공 알 지 능할 능

인간의 지능을
본떠 만든 시스템

사람처럼 생각하고 판단하여 스스로 행동하도록 만든 기술이에요. 자동으로 움직이는 로봇 청소기, 스마트폰의 음성 인식 기술, 유튜브 영상 추천 기능 등 우리 생활 속에서 인공 지능을 활용한 것들이 많이 있어요.

예문 **인공 지능** 기술을 이용해 원하는 그림을 그릴 수 있어요.

관련 어휘 **자율 주행:** 인공 지능을 이용해 차가 스스로 도로에서 달리게 하는 일

인공 지능은 사람들의 생활을 편리하게 도와주려고 만든 거예요.

2월

2일

수학

검산

檢 算

검사할 **검** 셈 **산**

계산 결과가 맞는지 다시 검사하는 일

어려운 문제를 풀고 난 다음 검산을 해 보는 게 좋아요.

나눗셈 검산식: (나누는 수) × (몫) + (나머지) = (나뉠 수)

57 ÷ 10 = 5 ⋯ 7

검산 (10 × 5) + 7 = 50 + 7 = 57

```
                  5 ← 몫
나누는 수 → 10 ) 57 ← 나뉠 수
                 50
                 ──
                  7 ← 나머지
```

예문 **검산**해 보니까 계산이 틀린 것 같아요.

관련 어휘 **풀이:** 문제가 요구하는 답을 구하는 일

11월

24일

과학

복사

輻 射

바퀴살 **복** 쏠 **사**

빛을 사방으로 내쏨

빛을 사방으로 쏘아 열을 전달하는 방법이에요. 태양과 지구 사이에는 열을 전달하는 물질이 없기 때문에 태양은 직접 열을 전달하는 복사의 방식으로 지구에 열을 전달해요. 햇볕을 쬐면 따뜻해지는 것도 태양의 복사열 때문이랍니다.

예문 검은색이 **복사**열을 잘 흡수하기 때문에 여름에 검은색 옷을 입으면 더워요.

관련 어휘 **복사열:** 복사를 통해 전해진 에너지

2월

3일

과학

전기

電 氣

번개 **전** 기운 **기**

번개 같은 기운

전기는 빛과 열을 내고 여러 가지 기계를 움직이게 하는 에너지예요. 우리가 냉장고, 세탁기, 컴퓨터, 스마트폰과 같은 전자 제품을 쓸 수 있는 것도 전기 덕분이에요. 전기는 번개처럼 강력한 힘을 가지고 있으니까 물 묻은 손으로 전자 제품을 만지면 절대 안 돼요.

예문 우리는 스마트폰을 충전할 때 **전기**를 사용해요.

관련 어휘

전류: 전기를 띤 입자가 전선을 따라 이동하는 현상

전압: 전류를 흐르게 할 수 있는 힘

11월

23일

국어

출처

出 處

날 **출**　　곶 **처**

나온 곳

사물이나 말이 생기거나 나온 근거를 출처라고 해요. 우리가 글을 쓰거나 말할 때, 다른 사람의 자료를 사용하는 경우가 많아요. 그럴 때는 그 자료가 누구의 것인지, 어디서 가져온 것인지 꼭 출처를 밝혀야 해요.

예문 인터넷에서 찾은 자료가 믿을만한지, **출처**를 반드시 확인해야 해요.

2월

4일

사회

가야

伽 倻

절 가 가야 야

낙동강 하류 지역에
자리 잡았던 여섯 나라

42년에 김수로왕과 다섯 형제가 세운 연맹 왕국이에요. 초기에는 금관가야가, 후기에는 대가야가 주도권을 잡았어요. 품질 좋은 철이 많이 생산돼서 '철의 왕국'이라고 불렸어요.

예문 562년에 가야는 신라에 의해 멸망하고 말았어요.

11월

22일

수학

측정

測 定

잴 측 정할 정

재서 정함

도구나 장치로 물체의 무게, 부피, 길이 등을 재는 것이에요. 주로 무게를 잴 때는 저울을 이용하고, 액체의 부피를 잴 때는 눈금실린더를, 길이를 잴 때는 자를 이용해서 측정해요.

예문 감기에 걸려서 체온계로 체온을 **측정**해 보았어요.

관련 어휘 **환산:** 어떤 단위로 나타낸 수를 다른 단위로 고쳐 헤아림

2월

5일

수학

평면 도형

平 面 圖 形

평평할 **평** 표면 **면** 그림 **도** 모양 **형**

평면에 그린 도형

평면에 그린 입체적이지 않은 도형을 평면 도형이라고 해요. 우리가 흔히 그리는 삼각형, 사각형, 원은 평면 도형이에요.

삼각형 사각형 원

예문 색종이를 오려서 여러 가지 **평면 도형**을 만들었어요.

관련 어휘 **도형:** 점, 선, 면, 입체 또는 그것들로 이루어진 모양

11월

21일

사회

을사늑약

乙	巳	勒	約
둘째 천간 을	여섯째 지지 사	강제할 늑	맺을 약

을사년에 강제로 맺은 조약

을사년인 1905년에 일본이 대한 제국의 외교권을 빼앗으려고 강제로 맺은 조약이에요. 앞서 청나라, 러시아와의 전쟁에서 승리한 일본은 대한 제국까지 침략하고 지배하려고 했어요. 고종은 이 강압적인 조약을 전 세계에 폭로하기 위해 네덜란드 헤이그에 특사를 파견했지만, 실패하고 말았어요. 결국 고종은 왕위에서 물러나고 순종이 대한 제국의 마지막 황제가 되었답니다.

예문 고종 황제의 반대에도 일본에 의해 **을사늑약**이 강제로 맺어졌어요.

을사늑약 체결에 찬성했던 다섯 명의 대신을 을사오적이라고 해요.

2월

6일

국어

고유어

固 有 語

본디 고 있을 유 말씀 어

본디부터 있던 말

고유어는 예로부터 사용해 온 순우리말이나 그것을 바탕으로 만들어진 말이에요. 우리의 감정과 정서를 잘 담고 있답니다.

예문 '바람, 하늘, 사랑'은 우리나라의 아름다운 **고유어**예요.

관련 어휘

외래어: 다른 나라 말을 들여와 우리말처럼 쓰는 말

한자어: 한자를 바탕으로 만들어진 말

구름은 고유어, 피아노(piano)는 외래어, 학교(學校)는 한자어예요. 이제 단어의 차이를 알겠죠?

11월

20일

체육

투기

鬪 技

싸울 투 재주 기

싸우는 경기

선수끼리 맞붙어 싸우는 방식의 경기를 이르는 말이에요. 투기는 특별한 도구 없이 각종 기술을 사용하여 일대일로 겨루는 게 특징이에요. 태권도, 씨름, 유도, 레슬링, 복싱 등의 격투 경기가 투기에 속해요.

예문 투기 스포츠 중 하나인 태권도는 2000년 시드니 올림픽 때 정식 종목으로 채택되었어요.

관련 어휘 **스포츠:** 일정한 규칙에 따라 개인이나 단체끼리 겨루는 운동

경기를 할 때는 서로를 존중하며 정정당당하게 겨루어야 해요.

2월

7일

사회

대륙

大 陸

큰 대 육지 륙

바다로 둘러싸인 크고 넓은 땅

지구의 대륙은 보통 아시아, 아프리카, 유럽, 오세아니아, 북아메리카, 남아메리카의 여섯 대륙으로 나누며, 여기에 남극 대륙을 더해 일곱 대륙으로 구분하기도 해요.

예문 남극은 얼음과 눈이 녹으면 땅이 드러나기 때문에 **대륙**에 속해요.

11월

19일

과학

화합물

化 合 物

될 화 합할 합 만물 물

둘 이상의 원소가 화학적으로 결합한 것

화합물은 원소와 원소 간의 결합으로 이루어진 물질이에요. 물(H_2O)은 수소(H)와 산소(O) 두 가지 원소로 이루어진 화합물이고, 이산화 탄소(CO_2)는 탄소(C)와 산소(O) 두 가지 원소로 이루어진 화합물이랍니다.

예문 짠맛이 나는 소금은 나트륨과 염소가 결합해 있는 **화합물**이에요.

관련 어휘

원소: 물질을 구성하는 기본 성분

화학: 물질의 성질과 구조, 화학 변화 등을 연구하는 과학 분야

2월

8일

국어

독자

讀 者

읽을 **독** 사람 **자**

글을 읽는 사람

책, 신문, 잡지, 기사 등의 글을 읽는 사람을 독자라고 해요. 독자는 작품을 통해 작가의 생각과 감정을 이해하고 소통한답니다.

예문 이 책은 많은 **독자**의 사랑으로 베스트셀러가 되었어요.

관련 어휘 **저자:** 글로 써서 책을 지은 사람

그동안 읽었던 책 중에서 가장 기억에 남는 책은 무엇인가요?

11월

18일

사회

협력

協 力

화합할 협　　힘 력

힘을 합하여 서로 도움

친구들과 모여 조별 과제를 하거나 국가들끼리 힘을 합쳐 환경 문제를 해결하는 것처럼 협력은 더 좋은 결과를 얻기 위해 서로 돕는 것이에요. 협력을 하면 혼자 하기 어려운 일도 쉽고 빠르게 해결할 수 있답니다. 그래서 누군가와 협력하는 자세가 중요해요.

예문 운동회 날, 우리 반은 **협력**하여 줄다리기 시합에서 1등을 했어요.

관련 어휘 **협동**: 서로의 마음과 힘을 하나로 합함

2월

9일

과학

나침반

羅 針 盤

늘어설 나 바늘 침 쟁반 반

방향을 알아내는 기구

나침반은 자석의 성질을 이용해 방향을 알아내는 도구예요. 지구는 아주 커다란 자석과 같아서 나침반 바늘이 항상 같은 방향을 가리키게 해요. 나침반 바늘도 자석으로 이루어져 있거든요. 그래서 나침반의 빨간 바늘은 항상 북쪽을 가리킨답니다.

예문 옛날에는 **나침반**을 보면서 여행했어요.

관련 어휘 **극**: 자석에서 자력이 가장 센 N극과 S극

11월

17일

국어

은유법

隱 喩 法

숨길 은 깨우칠 유 법 법

숨겨서 비유하는 방법

사물의 상태나 움직임을 다른 대상에 숨겨서 나타내는 표현 방법이에요. '책은 마음의 양식이다'처럼 주로 '~은/는 ~이다'를 사용해서 간접적으로 빗대어 표현해요.

예문 '내 마음은 호수요'는 **은유법**으로 유명한 문장이에요.

관련 어휘

의인법: 사람이 아닌 것을 사람처럼 표현하는 방법

직유법: '같이, 처럼, 듯이'와 같은 말을 써서 직접 비유하는 방법

'춤을 추는 바람'은 의인법, '얼음처럼 차가운 너의 눈빛'은 직유법을 사용한 표현이에요.

2월

10일

사회

대양

大 洋

큰 대　　큰 바다 양

크고 넓은 대규모의 바다

지구의 대양은 태평양, 대서양, 인도양, 남극해, 북극해로 나누어요. 이때 '양'으로 불리는 바다는 매우 큰 바다를 뜻하고, '해'로 불리는 바다는 대부분 육지에 둘러싸여 있어요.

예문　남극해나 북극해는 **대양**보다 훨씬 작지만, 다른 바다보다는 커서 대양으로 분류해요.

2월 7일 '대륙' 단어 설명에 있는 그림을 다시 살펴보세요!

11월 16일

수학

부피

입체 도형이 차지하는
공간의 크기

입체 도형의 부피는 밑면의 넓이와 높이를 알면 구할 수 있어요. 부피를 나타낼 때는 세제곱센티미터(cm^3), 리터(L) 등의 단위를 사용해요.

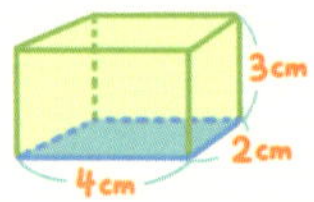

입체 도형의 부피 = (한 밑면의 넓이) × (높이)

Q: 다음 도형의 부피는?

A: $(4\times2)\times3 = 24cm^3$

예문 상자는 같은 모양이라도 크기에 따라 **부피**가 달라요.

관련 어휘 **겉넓이:** 물체 겉면의 넓이

2월

11일

수학

입체 도형

立 體 圖 形

설 **입** 몸 **체** 그림 **도** 모양 **형**

공간적으로 부피를 가지는 도형

입체 도형은 원기둥, 원뿔, 각기둥, 각뿔, 구처럼 3차원 공간에서 일정한 크기를 차지해요. 우리는 일상에서 책, 캔 음료, 축구공 같은 다양한 입체 도형을 볼 수 있답니다.

원기둥 원뿔 각기둥 각뿔 구

예문 큐브는 대표적인 **입체 도형** 중 하나예요.

11월

15일

과학

발효

醱 酵

술 빚을 **발** 삭힐 **효**

미생물이 유기물을 분해시키는 작용

발효는 효모나 세균 같은 미생물의 분해 활동을 말해요. 음식이 발효되면 독특한 향과 맛이 나는 새로운 성분이 만들어져요. 우리가 즐겨 먹는 김치, 된장, 고추장, 치즈 등은 대표적인 발효 식품이에요.

예문 요구르트는 우유를 **발효**시켜서 만든 식품이에요.

관련 어휘 **효모:** 빵, 맥주, 포도주 등을 만들 때 쓰이는 미생물

빵 반죽이 잘 발효되면 폭신폭신하게 부풀어요.

2월 12일

과학

가시광선

可	視	光	線
가능할 가	볼 시	빛 광	줄 선

사람의 눈으로 볼 수 있는 빛

우리 눈으로 볼 수 있는 가시광선은 빨강, 주황, 노랑, 초록, 파랑, 남색, 보라 일곱 가지 빛깔로 이루어져 있어요.

예문 햇빛은 파장에 따라 적외선, **가시광선**, 자외선 등으로 나뉘어요.

관련 어휘 **프리즘:** 빛을 굴절시키거나 분산시킬 때 쓰는 투명한 물체

자외선, 적외선은 우리 눈에 보이지 않는 빛이에요.

11월

14일

미술

추상화

抽 象 畵

뺄 추 모양 상 그림 화

구체적인 모양이 없는 그림

구체적인 인물이나 사물을 그리지 않고, 점·선·면·색 같은 요소로만 감정과 생각을 표현한 그림이에요. 이미지를 단순하게 변형하거나 점과 선, 도형을 이용해 자유롭게 그리는 게 특징이지요. 추상화의 표현 기법으로는 데칼코마니, 스크래치, 마블링, 드리핑 등이 있어요.

데칼코마니

스크래치

마블링

드리핑

예문 음악을 듣고 느낀 감정을 색깔과 선을 활용하여 **추상화**로 표현했어요.

2월

13일

국어

문학

文 學

글월 문 배울 학

감정이나 생각을 글로 표현한 예술 작품

문학은 사상이나 감정을 글로 표현한 작품이라 '언어 예술'이라고도 해요. 시, 소설, 희곡, 수필, 평론 모두 문학에 속해요.

예문 **문학**은 우리의 삶이 녹아든 아름다운 예술이에요.

관련 어휘

작품: 예술 창작 활동으로 만든 것

평론: 예술 작품의 가치나 옳고 그름을 평가하는 글

저는 재미있는 상상이 가득 담긴 동화를 제일 좋아해요!

11월

13일

사회

오아시스

oasis

사막 가운데에
샘이 솟고 풀이 자라는 곳

오아시스는 땅속 깊은 곳에 있던 지하수가 지형적인 이유로 밖으로 드러난 것이에요. 오아시스 덕분에 사막에서도 식물이 자라고, 사람과 동물이 살아갈 수 있어요. 그래서 사람들은 오아시스를 '사막의 꽃'이라고 불러요.

예문 낙타는 사막을 걷다가 **오아시스**를 만나 물을 마셨어요.

관련 어휘 **사막:** 비가 거의 내리지 않아 식물이 자라기 힘든 지형

오아시스는 위안이 되는 곳을 비유적으로 이르는 말이기도 해요.

2월

14일

과학

암수

암컷과 수컷을 아울러 이르는 말

동물은 보통 암수의 구별이 있어요. 이때 새끼나 알을 낳는 쪽을 암컷, 그렇지 않은 쪽을 수컷이라고 해요. 하지만 지렁이와 달팽이처럼 암수 구별이 없거나, 굴처럼 시기에 따라 암수가 바뀌는 동물도 있답니다.

예문 두루미는 비슷하게 생겨서 **암수**의 구별이 어려워요.

11월 12일 과학

배설

排 泄

밀칠 배 샐 설

안에서 밖으로 새어 나감

배설은 몸속의 노폐물을 몸 밖으로 내보내는 과정을 말해요. 우리 몸의 대표적인 배설 기관은 콩팥이에요. 콩팥은 혈액 속 노폐물을 걸러 내어 오줌을 만들어요. 그리고 노폐물을 걸러 낸 깨끗한 혈액을 다시 혈관을 통해 순환시키기도 해요.

예문 땀샘을 통해 노폐물을 밖으로 내보내는 것도 **배설**에 속해요.

콩팥은 강낭콩 모양에 팥처럼 검붉은색이라
콩팥이라는 이름이 붙었대요.

2월 15일

사회

고구려

高 句 麗

높을 고 글귀 구 고울 려

동명왕 주몽이 세운 나라

삼국 시대의 삼국 중 하나로, 기원전 37년에 주몽이 졸본에 도읍하여 세운 나라예요. 삼국 중 가장 먼저 고대 국가의 모습을 갖추었지요. 광개토 대왕 때는 영토를 크게 넓혀 동북아시아의 강대국이 되었어요.

예문 고구려 사람들은 말타기와 활쏘기에 재능이 있었어요.

관련 어휘

광개토 대왕: 활발한 영토 확장으로 고구려의 전성기를 이끈 왕

장수왕: 남쪽으로 진출하여 한강 유역을 확보하고, 고구려의 전성기를 지속시킨 왕

11월

11일

국어

절차

節 次

마디 **절** 차례 **차**

거쳐야 할 차례

일을 하는 데 거쳐야 하는 일정한 차례와 방법이에요. 절차를 잘 따르면 일을 신속하게 잘 끝낼 수 있어요.

비행기 탑승 수속 절차

예문 학급 회의나 모둠 토의를 할 때도 정해진 **절차**를 따라야 해요.

2월

16일

수학

직선

直 線

곧을 **직** 줄 **선**

곧은 선

직선은 꺾이거나 굽은 데가 없는 곧은 선으로, 양쪽으로 끝없이 이어져요.

직선	ㄱ ㄴ	두 점을 지나는 선
반직선	ㄱ ㄴ	한 점에서 시작해 다른 점을 지나는 선
	ㄱ ㄴ	
선분	ㄱ ㄴ	두 점을 이은 선

예문 자를 이용해서 **직선**을 반듯하게 그려 보아요.

11월

10일

과학

채집

採 集

캘 **채** 모을 **집**

캐서 모음

채집은 자연 속에서 식물이나 곤충 등을 직접 찾아서 모으는 것을 말해요. 채집할 때는 생명을 소중히 다루어야 한답니다. 그리고 멸종 위기 생물을 채집하거나 자연을 훼손해서는 안 돼요.

예문 동네 화단에서 곤충을 **채집**하여 자세히 관찰했어요.

관련 어휘 **수집:** 거두어 모음

2월

17일

미술

보색

補 色

도울 **보** 빛 **색**

서로 섞이면
하얗이나 검정이 되는 두 빛깔

보색 관계인 색은 서로를 더 선명하게 보이도록 해요. 그래서 신호등 불빛이 빨강과 초록으로 정해진 거예요. 빨강과 초록의 보색 대비를 이용하면 색깔만으로도 출발과 멈춤 신호를 강렬하게 전달할 수 있거든요.

예문 노랑과 남색은 서로 **보색** 관계인 색이에요.

관련 어휘 **대비**: 서로 상반되는 색을 나란히 배치하는 일

또 어떤 색들이 보색 관계일까요? 한번 찾아보세요!

11월

9일

수학

통계표

統 計 表

합칠 **통** 셀 **계** 겉 **표**

조사하여 알아낸 수를
표로 나타낸 것

여러 자료를 분석하고 정리해서 그 결과를 표로 나타낸 것이에요. 책이나 뉴스에서 인구수 통계표, 여론 조사 통계표 등을 본 적이 있죠? 이런 통계표를 이용하면 결과를 예측하거나 미래 계획을 세울 때 도움이 돼요.

음식 종류	치킨	피자	짜장면	김치찌개	파스타
학생 수	7	5	3	3	2

예문 우리 반 친구들이 좋아하는 음식을 조사하여 **통계표**를 만들었어요.

관련 어휘 **통계:** 조사한 결과를 한눈에 알아보도록 정리한 것

2월

18일

과학

소화

消 化

꺼질 소 될 화

섭취한 음식물 속 영양분을 흡수하기 좋게 바꾸는 일

우리는 활동에 필요한 영양분을 얻기 위해 여러 가지 음식을 먹어요. 이때 섭취한 음식들은 '입→식도→위→작은창자→큰창자'를 거치며 소화되고, 우리는 생명에 필요한 영양소를 흡수해요. 마지막으로 소화되지 않고 남은 찌꺼기는 항문을 통해 빠져나와요.

예문 뷔페에 가서 너무 많이 먹었더니 **소화**가 잘 안되는 것 같아요.

관련 어휘 **흡수**: 영양소나 물을 거두어들이는 일

11월

8일

국어

설득

說 得

말씀 설 얻을 득

상대방을 말로 납득시킴

설득은 다른 사람이 내 생각을 따르도록 말하는 것을 의미해요. 누군가를 설득하려면 듣는 이의 상황이나 분위기를 파악하고, 신뢰를 줄 수 있도록 타당한 근거를 제시해야 해요.

예문 엄마의 끈질긴 **설득**으로 별로 좋아하지 않는 브로콜리를 먹었어요.

관련 어휘 **설명:** 어떤 내용이나 이유를 상대방이 잘 알 수 있도록 밝혀 말함

주말에 공원에 가서 같이 놀자며 친구를 설득해 볼까요?

2월

19일

국어

문단

文 段

글월 문 구분 단

전체 글의 한 단락

문단이란, 여러 문장이 모여 하나의 중심 생각을 나타내는 글의 단락을 말해요. 한 문단에는 하나의 중심 내용이 있고, 중심 문장과 뒷받침 문장으로 이루어져 있어요.

예문 이야기가 너무 길어서 내용에 따라 **문단**을 나누었어요.

관련 어휘

단락: 긴 글을 내용에 따라 나눌 때, 하나의 짧은 이야기 토막

문장: 생각이나 감정을 표현하는 가장 작은 단위의 말과 글

새 문단을 쓸 때는 줄을 바꾸어서 한 칸을 비워야 해요.

11월

7일

사회

대한 제국

大 韓 帝 國

큰 **대** 나라 **한** 임금 **제** 나라 **국**

고종 34년에 새로 정한 우리나라의 국호

을미사변으로 명성 황후가 시해되고, 일본을 피해 러시아 공사관에서 거처하다가 1년 만에 덕수궁으로 돌아온 고종은 나라 이름을 대한 제국으로 바꿨어요. 우리나라가 자주 독립국이며 황제가 다스리는 나라라는 것을 알린 거예요. 대한 제국이라는 국호는 1910년 일본에 나라를 강제로 빼앗길 때까지 사용했어요.

예문 **대한 제국**은 1897년에 새로 정한 조선 왕조의 국호예요.

대한민국의 이름은 고종이 창안한 대한 제국에서 유래하였어요.

2월

20일

사회

확대 가족

擴 大 家 族

넓힐 확 큰 대 집 가 겨레 족

결혼한 자녀가
부모와 함께 사는 가족

오늘날과 달리, 옛날엔 주로 농사를 지어서 일손이 많이 필요했어요. 그래서 자녀가 결혼한 후에도 부모님과 함께 사는 확대 가족이 많았다고 해요.

예문 우리 가족은 할아버지, 할머니랑 다 같이 사는 **확대 가족**이에요.

관련 어휘 **핵가족:** 부부로만 이루어진 가족,
또는 결혼하지 않은 자녀가 부모와 함께 사는 가족

요즘은 확대 가족보다 핵가족이 훨씬 많아요.

11월

6일

음악

장단

長 短

길 장　　짧을 단

음의 길고 짧음

장단은 국악에 사용되는 음악의 빠르기나 가락을 이끄는 박자예요. '쿵덕 쿵덕', '쿵더러러러'처럼 음악에서 반복되는 규칙적인 소리지요. 국악에서는 보통 장구로 장단을 맞추는데, 판소리에서는 북으로 연주해요.

예문 '진양조 → 중모리 → 중중모리 → 자진모리 → 휘모리' 순으로 **장단**이 빨라져요.

2월

21일

국어

추론

推 論

밀 추 논할 론

알려진 정보를 바탕으로 미루어 생각하며 논함

우리는 주로 탐정 소설을 읽을 때나 미스터리 영화를 볼 때 범인이 누구일지 추론하곤 해요.

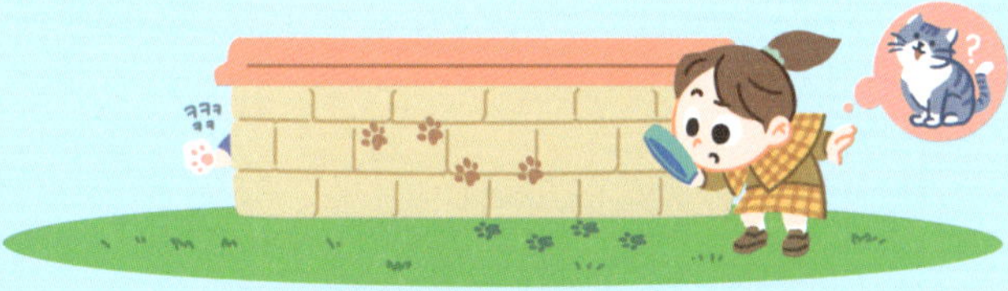

예문 이 단서를 가지고 사건의 범인을 **추론**해 보세요.

관련 어휘

추리: 알고 있는 것을 토대로 알지 못하는 것을 미루어 생각함

유추: 같거나 비슷한 것을 토대로 다른 사물을 추측함

11월

5일

과학

지진

地 震

땅 **지** 흔들릴 **진**

땅이 흔들리는 현상

지구의 표면은 여러 개의 판으로 이루어져 있어요. 지진은 바로 이 판들이 이동하면서 부딪치거나 어긋나서 땅이 흔들리는 거랍니다. 지진이 나면 건물이 흔들리거나 무너지고, 땅에 금이 갈 수 있어요.

예문 판과 판이 만나는 경계에서 **지진**이 자주 일어나요.

지진이 나면 머리를 보호하고 탁자 아래로 숨어야 해요.

2월

22일

사회

민주주의

民 主 主 義

백성 **민** 주인 **주** 주인 **주** 옳을 **의**

국민이 주인인 나라의 정치 제도

모든 국민이 나라의 주인으로서 권리를 가지고, 그 권리를 자유롭고 평등하게 행사하는 정치 제도예요. 민주주의 국가의 국민은 누구나 정치에 참여할 수 있고, 자유롭게 말을 하며 글을 쓸 수 있어요.

예문 **민주주의**는 '국민의, 국민에 의한, 국민을 위한' 것이에요.

관련 어휘 **정치:** 나라를 다스리는 일

최초의 민주주의는 고대 그리스 도시 국가 아테네에서 시작되었어요.

11월

4일

수학

배수

倍 數

곱 **배** 셈 **수**

곱절이 되는 수

배수는 어떤 수의 곱절이 되는 수예요. 어떤 수의 배수는 무수히 많아요. 1배, 2배, 3배, 4배 … 끝없이 구할 수 있거든요. 예를 들어, 2의 배수를 구해 볼까요? 숫자 2에 1, 2, 3 … 을 곱한 2, 4, 6 … 이에요.

2의 배수	4의 배수	2, 4의 공배수	2, 4의 최소 공배수
2, 4, 6, 8, 10, 12 …	4, 8, 12, 16 …	4, 8, 12 …	4

예문 어떤 수의 **배수** 중 가장 작은 수는 자기 자신이에요.

관련 어휘

공배수: 어떤 두 수의 공통된 배수

최소 공배수: 공배수 중에서 가장 작은 수

2월

23일

음악

관악기

管 樂 器

피리 관　음악 악　도구 기

입으로 불어서 소리 내는 악기

관악기는 입으로 불어서 관 안의 공기를 진동시켜 소리를 내요. 종류에는 나무로 만든 목관 악기와 금속으로 만든 금관 악기가 있어요.

예문 트럼펫, 클라리넷, 플루트는 모두 **관악기**에 속해요.

관련 어휘 **악기**: 음악 연주에 쓰이는 도구

음악 시간에 리코더를 불어 본 적 있나요?
리코더도 관악기 중 하나예요!

11월

3일

국어

빈말

실속 없이 헛된 말

빈말은 진심이 담기지 않거나 그냥 형식적으로 하는 말을 뜻해요. 마음에도 없는 빈말은 처음에 상대방의 기분을 좋게 할 수 있을지 몰라도, 계속 반복되면 오히려 실망감을 줄 수 있어요.

예문 **빈말**이라도 칭찬해 줘서 고마워!

관련 어휘 **공수표:** 실행이 없는 약속을 비유적으로 이르는 말

때로는 빈말이 필요할 때도 있지만, 진심 어린 말이 더 감동을 줘요.

2월

24일

과학

자전

自 轉

스스로 **자** 구를 **전**

천체가 스스로 도는 것

자전은 천체가 고정된 축을 중심으로 스스로 도는 현상이에요. 지구도 하루에 한 번씩 자전해요. 그래서 매일 낮과 밤이 생긴답니다. 자전하면서 태양 빛을 받는 쪽이 낮, 받지 못하는 쪽이 밤이 돼요.

예문 지구의 **자전**으로 태양과 달, 별이 움직이는 것처럼 보여요.

관련 어휘 **자전축:** 천체가 자전할 때 중심이 되는 축

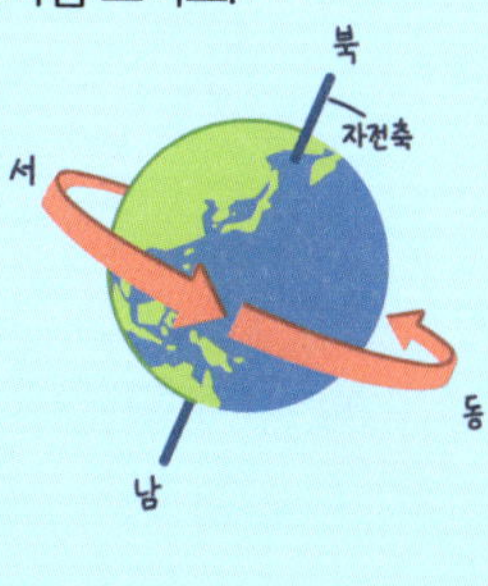

11월

2일

사회

공청회

公 聽 會

함께할 공 들을 청 모일 회

함께 모여 의견을 들음

국가나 지방 자치 단체에서 중요한 정책을 시행하기 전에 국민과 전문가를 모아 의견을 듣는 모임이에요. 행정 기관은 공청회를 통해 다양한 의견을 귀 기울여 듣고, 지혜를 모아 합리적인 정책을 만들 수 있어요.

예문 대학 입시 제도 개선을 위한 **공청회**가 열렸어요.

2월

25일

사회

정부

政 府

정치 **정** 관청 **부**

행정을 맡아보는 국가 기관

법에 따라 나라의 살림을 하는 곳이에요. 대통령을 중심으로 국무총리와 여러 개의 부, 처, 청 그리고 위원회가 있어요.

예문 대통령은 **정부**의 최고 우두머리로 외국과의 관계에서 국가를 대표해요.

관련 어휘 **정당:** 정치의 뜻이 같은 사람들이 모여서 만든 단체

11월

1일

과학

친환경

親 環 境

친할 **친** 고리 **환** 지경 **경**

자연 그대로의 환경과 어울리는 일

친환경은 자연환경을 오염시키지 않고, 자연 그대로의 환경과 잘 어울리는 일을 말해요. 우리가 실생활에서 실천할 수 있는 친환경 운동으로는 일회용 컵 대신 텀블러 사용하기, 분리수거 올바르게 하기, 친환경 인증 마크가 붙은 물건 이용하기 등이 있어요.

예문 우리 할아버지는 오리를 이용한 **친환경** 농법으로 농사를 지으세요.

친환경적으로 지구를 잘 보살펴야 우리도 건강하게 살 수 있어요!

2월 **26일** 과학

공전

公 轉

공평할 **공** 구를 **전**

천체의 둘레를 도는 것

공전은 한 천체가 다른 천체의 둘레를 주기적으로 도는 현상이에요. 지구는 1년 주기로 태양 주위를 한 바퀴씩 돌아요. 이때 지구는 자전축이 기울어진 채로 태양 주위를 공전하기 때문에 사계절이 나타나요.

예문 음력은 달의 **공전** 주기를 기준으로 만든 달력이에요.

관련 어휘 **천체:** 별, 행성, 위성, 소행성 등 우주에 있는 모든 물체

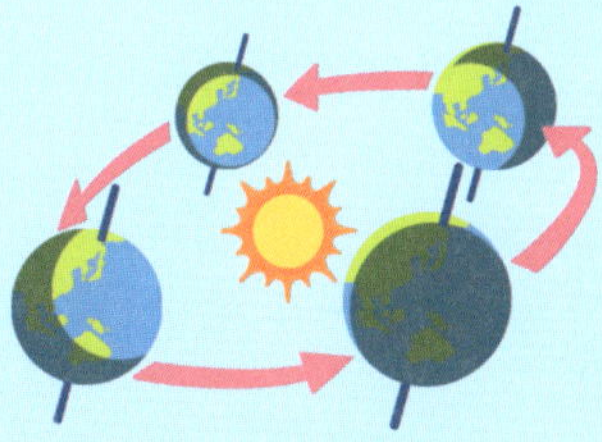

10월

31일

국어

문맥

文 脈

글월 문 맥 맥

글이 맺고 있는 줄기

글에 나타난 의미의 앞뒤 연결을 문맥이라고 해요. 우리말에는 중의적인 뜻을 가진 낱말이 많아요. 예를 들어 '배가 많다.'라는 문장만 읽으면 어떤 배를 뜻하는지 알 수 없어요. 같은 낱말이라도 먹는 배, 타는 배, 몸의 배 등 여러 의미로 쓰일 수 있거든요. 그래서 글을 잘 이해하려면 문맥을 잘 파악해야 해요.

예문 이 문장은 앞뒤 문장과 **문맥**이 잘 맞지 않는 것 같아요.

관련 어휘 **중의적:** 한 단어나 문장이 두 가지 이상의 뜻으로 해석되는 것

2월

27일

과학

번식

繁 殖

많을 번 불릴 식

동식물의 수가 많이 늘어 퍼짐

동물은 짝짓기를 통해 새끼를 낳아 기르고, 식물은 바람이나 동물의 도움으로 씨를 퍼뜨려서 수를 늘려요.

예문 타조와 악어는 알을 낳아 **번식**해요.

관련 어휘 **생식:** 생물이 자기와 닮은 개체를 만들어 종족을 유지하는 현상

약한 동물일수록 번식을 많이 한다고 해요.

10월 30일

사회

갑신정변

甲	申	政	變
첫째 천간 **갑**	아홉째 지지 **신**	정치 **정**	변할 **변**

갑신년에 일으킨 정치상의 큰 변동

갑신년인 1884년에 김옥균, 박영효 등의 개화당이 민씨 일파를 몰아내고, 혁신적인 정부를 세우기 위해 일으킨 정변이에요. 급진 개화파가 개화사상을 바탕으로 조선의 자주독립을 위해 갑신정변을 일으켰지만, 정권을 잡은 지 3일 만에 실패하고 말았답니다.

예문 조선 최초의 우체국인 우정국이 문을 여는 것을 축하하는 자리에서 **갑신정변**이 일어났어요.

관련 어휘 **정변:** 정치 권력을 바꾸기 위해 혁명이나 쿠데타를 벌이는 것

2월

28일

국어

과장

誇 張

자랑할 **과** 벌릴 **장**

자랑하여 크게 떠벌림

과장은 사실보다 크게 부풀려 나타내는 것을 말해요. 특히 광고는 실제보다 부풀려 과장하는 경우가 많으니까 잘 살펴봐야 해요.

예문 옆집 아저씨는 재미난 이야기를 해 주실 때 **과장**해서 말씀하세요.

관련 어휘

과대: 작은 것을 큰 것처럼 과장함

허위: 진실이 아닌 것을 진실처럼 꾸민 것

10월

29일

수학

대칭

對 稱

마주할 **대** 걸맞을 **칭**

기준을 중심으로
서로 마주 놓여 있는 것

대칭은 하나의 도형이나 두 도형이 점, 선, 면을 사이에 두고 서로 같은 거리에 마주 놓여 있는 경우를 말해요.

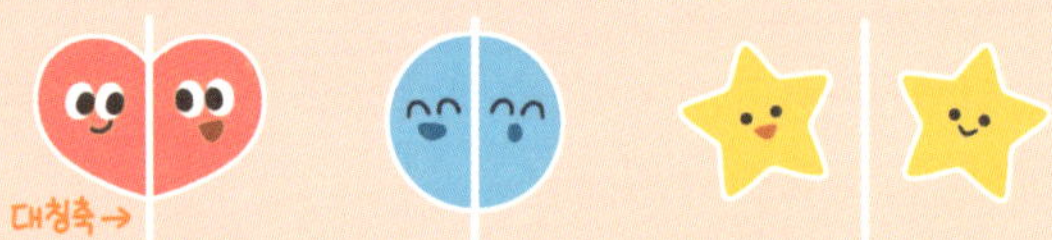

예문 한 선을 기준으로 접었을 때 완전히 겹치면 선**대칭** 도형이에요.

관련 어휘 **대칭축:** 대칭이 되게 하는 직선

3월

1일

사회

국회

國 會

나라 국 모일 회

국민의 대표로 구성된 국가 기관

국민의 대표인 국회 의원이 나라의 중요한 일을 의논하고 결정하는 곳이에요. 법을 만들고, 나라의 살림에 필요한 예산을 심의하여 확정하고, 정부가 법에 따라 일을 잘하고 있는지 확인해요.

예문 국회는 법을 만드는 기관이라는 뜻으로 '입법부'라고 해요.

관련 어휘 **입법**: 법을 만들어서 정함

10월

28일

미술

탁본

拓 本

박을 **탁** 근본 **본**

박아서 본뜬 것

탁본은 비석, 기와 등에 새겨진 글씨나 그림을 그대로 떠낸 종이예요. 탁본할 곳에 종이를 대고 물을 뿌려 붙인 다음, 물기가 살짝 마르면 먹물이 묻은 솜뭉치로 가볍게 두드리면 돼요. 그러면 바탕은 검게 되고, 글씨나 그림이 있는 부분은 하얗게 드러나서 원래 모습을 종이에 본뜰 수 있어요.

예문 서양의 프로타주 기법은 동양의 **탁본**과 매우 비슷한 기법이에요.

관련 어휘 **프로타주**: 물체에 종이를 대고 연필 등으로 문질러 물체의 형태를 나타나게 하는 방법

3월

2일

국어

문장 부호

文 章 符 號

글월 문 / 글 장 / 부신 부 / 부호 호

문장에 쓰는 여러 가지 부호

우리는 글을 쓸 때, 문장의 끝에 (.), (!), (?) 같은 부호를 써요. 때로는 문장 중간에 (,), (…), (-) 같은 부호를 쓰기도 해요. 이와 같은 문장 부호들은 문장의 뜻을 정확하게 전달하고, 알아보기 쉽게 도와준답니다.

예문 문장 부호로 감정이나 말투를 표현할 수 있어요.

관련 어휘

마침표(.): 설명하는 문장 끝에 쓰는 부호

쉼표(,): 단어나 문장을 연결할 때, 또는 부르거나 대답하는 말 뒤에 쓰는 부호

물음표(?): 묻는 문장 끝에 쓰는 부호

느낌표(!): 놀라거나 감탄할 때 쓰는 부호

10월

27일

과학

자기력

磁 氣 力

자석 **자** 기운 **기** 힘 **력**

자석의 힘

자석과 쇠붙이, 자석과 자석 사이에 작용하는 힘이에요. 자기력에는 '인력'과 '척력'이 있답니다. 다른 극 사이에는 서로 끌어당기는 인력이 작용하고, 같은 극 사이에는 서로 밀어내는 척력이 작용해요.

예문 자석 주변으로 클립이나 못이 붙는데, 이 힘이 **자기력**이에요.

관련 어휘 **자석**: 쇠를 끌어당기는 자기를 띤 물체

3월

3일

과학

전구

電 球

전기 **전** 공 **구**

전기로 빛을 만드는 기구

전구는 유리구 속 필라멘트에 전기를 흘려보내 열과 함께 빛을 내는 기구예요. 1879년 에디슨은 수많은 실험과 노력 끝에 오래 켜지고 실용적인 전구를 만드는 데 성공했어요.

예문 환한 **전구** 주위로 벌레들이 모여들었어요.

관련 어휘 **필라멘트**: 전구 속에 있는 용수철 모양의 가는 선

전구가 발명되기 전까지는 촛불이나 호롱불을 사용했어요.

10월

26일

체육

월드컵

World Cup

세계 선수권 대회

축구, 배구, 스키, 골프 등의 세계 선수권 대회를 말해요. 일반적으로는 국제 축구 연맹 주최로 4년마다 열리는 FIFA 월드컵을 뜻해요. 축구 월드컵은 리그전과 토너먼트 방식을 섞어서 경기하는데, 리그전은 모든 팀이 서로 한 번 이상 겨루어 가장 많이 이긴 팀이 우승하는 방식이에요. 토너먼트는 경기하면서 진 팀은 탈락하고, 이긴 팀끼리 겨루어 마지막에 남은 팀이 우승하는 방식이랍니다.

예문 2002년 **월드컵** 대회에서 우리나라는 처음으로 4강에 진출했어요.

축구 경기를 본 적 있나요? 어떤 선수를 가장 좋아해요?

3월

4일

수학

곡선

曲 線

굽을 곡　　줄 선

굽은 선

곡선은 모나지 않고 부드럽게 구부러진 선으로, 곡선으로만 이루어진 도형은 꼭짓점이 없어요. 원과 포물선은 곡선에 속해요.

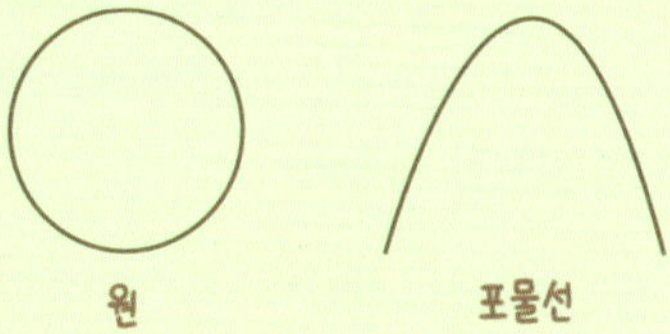

예문 **곡선**만 이용해서 귀여운 동물을 그려 볼까요?

관련 어휘 **포물선**: 비스듬히 던져 올린 물체가 그리는 곡선

10월 25일

사회

임오군란

壬	午	軍	亂
아홉째 천간 임	일곱째 지지 오	군사 군	어지러울 란

임오년에 구식 군대가 일으킨 난리

임오년인 1882년에 구식 군대 군인들이 신식 군대인 별기군과의 차별에 불만을 품고 일으킨 난리예요. 조선 후기에 신식 군대는 좋은 대우를 받았지만, 구식 군대는 몇 달 동안 쌀도 받지 못하고 무시당했거든요. 심지어 오랜만에 쌀을 줄 때는 겨와 모래가 섞인 쌀을 주려고 했어요. 그래서 결국 분노한 구식 군대가 난을 일으킨 거예요.

예문 임오군란을 계기로 흥선 대원군이 복귀하려고 했지만, 결국 실패하여 청나라와 일본의 간섭을 받게 되었어요.

관련 어휘 **별기군:** 신식 무기로 훈련한 우리나라 최초의 신식 군대

3월

5일

국어

경청

傾 聽

기울 **경** 들을 **청**

귀 기울여 주의 깊게 들음

단순히 듣기만 한다고 경청이 되지 않아요. 상대방이 전하고자 하는 말과 행동뿐만 아니라, 그 속에 숨어 있는 감정에도 귀를 기울이는 것이 진정한 경청이랍니다.

예문 용기 내서 나온 친구의 발표를 **경청**해서 들어요.

관련 어휘 **집중:** 한 가지 일에 온 힘을 쏟아부음

친구와 이야기할 때 서로 경청해 주면 마음이 따뜻해질 거예요!

10월 24일

국어

의도

意 圖

뜻 **의** 꾀할 **도**

무엇을 하려고 꾀함

무엇을 하고자 하는 생각이나 계획을 말해요. 대부분의 글에는 글쓴이가 독자에게 전달하고 싶은 의도가 담겨 있어요. 글의 내용을 제대로 이해하기 위해서는 글쓴이의 의도가 무엇인지 파악하면서 글을 읽어야 해요.

예문 책을 읽기 전, 머리말을 보면 작가의 **의도**를 짐작할 수 있어요.

관련 어휘 **의지:** 어떤 일을 이루고자 하는 마음

3월

6일

사회

남극

南 極

남쪽 남 끝 극

지구의 가장 남쪽에 있는 대륙

지구에서 가장 추운 곳이에요. 단단하고 두꺼운 얼음덩어리가 커다란 대륙을 뒤덮고 있거든요. 남극에는 극한 환경에 적응한 펭귄, 고래, 바다표범, 크릴새우 등의 동물들이 살아가고 있어요.

예문 남극에는 극지방에 대해 연구하는 '세종 과학 기지'가 있어요.

관련 어휘 **북극**: 지구의 가장 북쪽에 있는 지역

북극의 대부분은 바다이고, 그 위에 얼음이 둥둥 떠다녀요.

10월 23일

과학

순환

循 環

돌 순 고리 환

자꾸 되풀이하여 돎

순환은 반복하여 계속 돌아가는 것을 말해요. 우리 몸에도 순환을 담당하는 기관이 있어요. 바로 심장과 혈관이에요. 혈액은 심장의 펌프 작용으로 혈관을 따라 온몸을 도는데, 이때 혈액이 순환하면서 온몸에 영양소와 산소를 공급해요.

예문 물은 하늘과 땅을 오가며 끊임없이 **순환**하고 있어요.

우리가 숨을 쉴 때마다 산소와 이산화 탄소가 순환해요.

3월

7일

과학

물체

物 體

물건 물　　몸 체

물건의 형체

연필, 컵처럼 우리가 흔히 보는 물건들이 바로 물체예요. 구체적인 모양을 지니고, 공간을 차지하고 있지요. 물체는 유리컵처럼 한 가지 물질로 이루어진 것도 있고, 연필처럼 나무, 흑연 등 여러 물질로 이루어진 것도 있어요.

예문 창고를 정리하다가 이상한 **물체**를 발견했어요.

관련 어휘 **물질**: 물체를 만드는 재료

물질에는 철, 나무, 유리, 고무, 플라스틱 등이 있어요.

10월

22일

수학

수평

水 平

물 수 평평할 평

기울지 않고 평평한 상태

멀리서 바다를 보면 바닷물과 하늘의 경계선이 평평한 일자로 보일 거예요. 이처럼 수평은 어느 한쪽으로 기울지 않고 평평한 상태를 말해요.

예문 양팔 저울이 **수평** 상태인 걸 보니 양쪽 물체의 무게가 같은가 봐요.

관련 어휘 **수직:** 선이나 면 따위가 서로 만나 직각을 이루는 상태

3월

8일

사회

백제

百 濟

일백 **백** 건널 **제**

온조왕이 세운 나라

삼국 시대의 삼국 중 하나로, 기원전 18년에 온조왕이 위례성에 도읍하여 세운 나라예요. 삼국 중 가장 먼저 한강 유역 땅을 차지하고, 제일 먼저 전성기를 맞았어요. 그리고 백제의 학자들이 일본 왕실의 스승으로 활동하며 우아하고 독창적인 백제 문화를 일본에 전해 주기도 했어요.

예문 삼국 중 **백제**가 가장 먼저 멸망했어요.

관련 어휘 **근초고왕:** 영토를 넓히고 왕의 힘을 강화하며 백제의 전성기를 이룬 왕

10월

21일

사회

편의

便 宜

편할 편 마땅할 의

편하고 형편이 좋음

편의란, 사람들이 생활하거나 일할 때 더 쉽고 편리한 것이에요. 우리 주변에는 생활을 편하게 도와주는 편의 시설이 많이 있어요. 편의점, 병원, 약국, 버스 정류장 모두 편의 시설에 속한답니다.

예문 우리 학교는 동네 주민들의 **편의**를 생각해 운동장을 개방했어요.

관련 어휘 **편리:** 편하고 이로우며 사용하기 쉬움

친구들의 생활에 도움을 주는 편의 시설은 무엇인가요?

3월

9일

국어

맞춤법

우리말을 표기하는 규칙

맞춤법을 지키지 않으면 하고 싶은 말을 제대로 전달할 수 없어요. '빨리 나아.'를 '빨리 낳아.'로 쓰면 뜻이 완전히 달라지는 것처럼요. 맞춤법은 하나의 약속이니까 잘 지켜야겠죠?

예문 올바른 **맞춤법**을 생각하며 문장을 고쳐 쓰세요.

관련 어휘 **교정:** 잘못된 글자나 문장을 바르게 고침

10월

20일

과학

중화

中 和

가운데 **중** 화할 **화**

중성으로 변함

중화는 산과 염기가 만나 본래의 성질을 잃는 것을 말해요. 염기성 물질로 생기는 생선의 비린내를 잡기 위해 산성 물질인 레몬즙을 뿌리는 것, 위산과다로 속이 쓰릴 때 염기성 물질인 제산제를 먹는 것도 실생활에서 중화의 원리를 이용한 거예요.

예문 염산과 수산화 나트륨이 만나면 **중화**되어 소금과 물이 만들어져요.

관련 어휘

산: 식초나 레몬처럼 산성을 띠는 물질

염기: 비누나 암모니아수처럼 염기성을 띠는 물질

3월

10일

체육

구기

球 技

공 구 재주 기

공을 사용하는 운동 경기

구기 종목은 네트형, 베이스볼형, 골형으로 나뉘어요. 배구처럼 네트를 사이에 두고 공을 넘기는 종목은 네트형, 야구처럼 도구로 공을 치는 종목은 베이스볼형, 축구처럼 골대에 골을 넣는 종목은 골형이라고 해요.

예문 저는 축구, 농구, 배구 등 다양한 **구기** 종목을 다 좋아해요.

관련 어휘 **족구**: 발로 공을 차서 네트를 넘겨 승부를 겨루는 구기 종목

족구는 우리나라에서 만들어진 종목이래요!

10월

19일

음악

판소리

판을 벌이고
긴 시간 동안 부르는 소리

'판'이라고 부르는 넓은 마당에서 소리꾼이 고수의 북장단에 맞춰 노래와 이야기, 몸짓을 섞어 하는 공연이에요. 소리꾼은 혼자서 여러 등장인물을 연기하며 감정을 표현하고, 고수는 반주에 쓰이는 북을 치며 '얼씨구, 좋다'와 같은 추임새로 흥을 돋워요.

예문 **판소리**는 2003년에 유네스코 세계 무형 유산으로 지정됐어요.

3월

11일

수학

무량대수

無	量	大	數
없을 **무**	헤아릴 **량**	큰 **대**	셈 **수**

헤아릴 수 없는 큰 수

무량대수는 정말 큰 숫자예요. 그래서 그 크기를 상상하기도 어렵죠. 숫자 1 뒤에 0을 68개나 붙여야 한답니다. 수가 너무 커서 우주 안의 별을 다 세도 부족할지도 몰라요.

예문 **무량대수**는 한자 문화권에서 사용되는 수의 단위예요.

관련 어휘 **불가사의:** 1 뒤에 0을 64개 붙여야 하는 수

10월

18일

사회

개화

開 化

열 개 될 화

개방하여 변화함

개화는 다른 나라의 발전된 문화와 제도를 받아들이는 것을 뜻해요. 조선 후기에 서양의 발전된 문물과 제도를 받아들이자고 주장하는 사람들이 나타났어요. 이들은 서양 기술을 천천히 받아들여야 한다는 '온건 개화파'와 하루빨리 변화해야 한다는 '급진 개화파'로 나뉘었답니다.

예문 **개화** 정책을 추진하던 조선 정부는 위정척사파의 반대에 부딪혔어요.

관련 어휘

개항: 외국과 교류할 수 있게 항구를 개방하는 것

위정척사: '조선의 전통적인 사상을 지키고 서양 사상을 물리치자'는 운동

3월

12일

과학

영양소

營 養 素

지을 **영** 양분 **양** 요소 **소**

생명 유지와 성장에 필요한 물질

생물은 성장하고 활동하기 위해 영양소가 있어야 해요. 우리에게 꼭 필요한 5대 영양소는 '탄수화물, 단백질, 지방, 무기질, 비타민'이에요. 하지만 영양소는 우리 몸에서 만들 수 없어서 다양한 음식물을 통해 섭취해야 한답니다.

예문 채소에는 우리 몸에 좋은 **영양소**가 가득 들어 있어요.

관련 어휘

탄수화물: 몸을 움직이는 데 필요한 힘을 주는 영양소

단백질: 근육과 몸을 튼튼하게 만들어 주는 영양소

지방: 체온을 유지하고 힘의 바탕이 되는 영양소

10월

17일

국어

동형이의어

同 形 異 義 語

같을 동 모양 형 다를 이 뜻 의 말씀 어

형태는 같으나 뜻이 다른 단어

말( )과 말( ), 형태는 같은데 전혀 다른 뜻을 가지고 있죠? 차( )와 차( ), 팔( )과 팔(8)도 마찬가지예요. 이처럼 낱말의 형태만 같고 뜻이 다른 말을 동형이의어라고 해요.

배

예문 몸의 일부인 '눈'과 하늘에서 내리는 '눈'도 **동형이의어**예요.

3월

13일

사회

지형도

地 形 圖

땅 **지** 모양 **형** 그림 **도**

땅의 모양을 그린 지도

땅 위에 나타난 특징을 자세하게 그린 지도예요. 지형도에는 등고선과 방위, 축척, 기호가 나타나 있어요.

예문 **지형도**를 보면 우리나라가 동쪽은 높고, 서쪽은 낮은 걸 알 수 있어요.

관련 어휘

등고선: 높이가 같은 지점을 연결한 선

방위: 동서남북 방향을 가리키는 표시

축척: 실제 거리를 축소하여 나타낸 비율

기호: 장소를 간단하게 나타내기 위한 약속

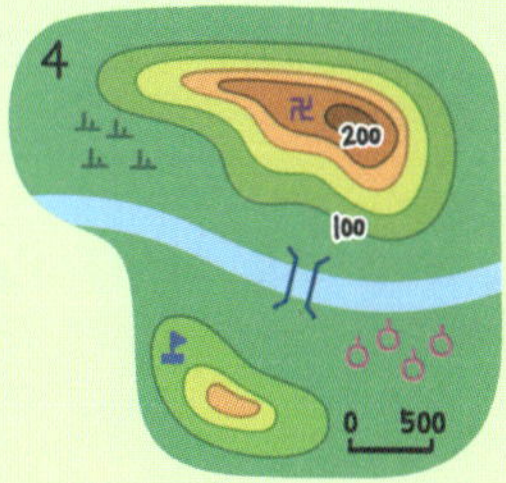

10월

16일

과학

분류

分 類

나눌 분 무리 류

종류에 따라서 가름

어떤 기준을 정해서 여럿을 나누는 것이에요. 동물을 한번 나누어 볼까요? 척추가 있는지 없는지에 따라 척추동물과 무척추동물로 나눌 수 있어요. 또 척추동물은 동물이 가진 특징에 따라 포유류, 조류, 양서류, 파충류, 어류로 나눌 수 있답니다.

예문 사물을 먹을 수 있는 것과 없는 것으로 **분류**할 수 있어요.

관련 어휘 **기준:** 여럿을 나눌 때 기본이 되는 표준

3월

14일

수학

시각

時 刻

때 시　　새길 각

흐르는 시간의 어느 한 시점

시각은 때를 나타내는 어느 한 지점을 말해요. 시각과 시각 사이의 간격을 뜻하는 '시간'과는 다른 개념이에요.

예문 오늘 해가 뜨는 **시각**은 오전 6시예요.

관련 어휘 **시간:** 어떤 시각에서 어떤 시각까지의 사이

10월

15일

사회

기후

氣 候

공기 기　　기후 후

대기의 상태

기후는 일정한 지역에서 여러 해에 걸쳐 나타나는 평균적인 날씨를 말해요. 생물이 자라는 데 영향을 주는 기온과 강수량을 기준으로 구분하지요. 적도와 가까운 순으로 열대, 온대, 냉대, 한대 등으로 나타나요.

예문 우리나라는 사계절이 뚜렷한 온대 **기후**에 속해요.

관련 어휘

열대 기후: 일 년 내내 매우 덥고 비가 많이 내리는 기후

온대 기후: 사계절이 뚜렷한 중위도 지역에 나타나는 기후

냉대 기후: 겨울은 매우 춥고 길며 여름은 짧고 따뜻한 기후

한대 기후: 일 년 내내 매우 춥고 눈이 많이 내리는 기후

3월 **15일**

과학

항성

恒 星

항상 **항** 별 **성**

항상 같은 자리에 있는 별

태양, 북극성 같은 항성은 움직이지 않고 언제나 같은 자리에 있어서 '붙박이별'이라고도 불러요. 하늘의 별은 대부분 항성으로, 태양처럼 스스로 빛을 내는 게 특징이에요.

예문 태양은 지구와 가장 가까운 **항성**이에요.

관련 어휘 **태양**: 태양계의 중심이자 태양계에서 가장 큰 천체

태양은 태양계에서 유일하게 스스로 빛을 내는 천체예요.

10월

14일

수학

평균

平 均

평평할 **평** 고를 **균**

여러 수나 양의 중간값을 갖는 수

평균은 자료의 합계를 자료의 개수로 나눈 값이에요. 즉 평균을 구할 때는 주어진 자료의 값을 다 더하고, 자료의 개수로 나누면 돼요.

과목	국어	수학	사회	과학	총점	평균
점수	100	90	85	95	370	92.5

예문 우리 반 친구들의 **평균** 키는 140cm예요.

관련 어휘 **총점**: 전체 점수의 합계

3월

16일

사회

경제

經 濟

다스릴 **경** 구할 **제**

재화와 서비스를 만들고
사고파는 활동

생활에 필요한 물건이나 서비스를 만들고, 나누고, 소비하는 모든 활동을 말해요. 즉 경제 활동에는 돈을 버는 소득 활동뿐만 아니라, 돈을 쓰는 소비 활동까지 포함되는 거예요.

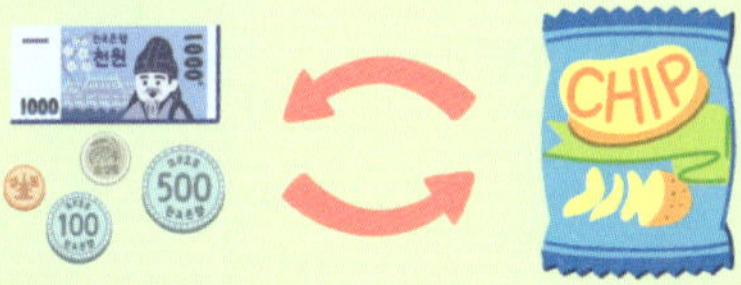

예문 우리가 필요한 학용품을 사는 것도 **경제** 활동에 속해요.

관련 어휘 **재화:** 옷, 음식, 스마트폰처럼 생활에 필요한 모든 물건

10월

13일

과학

북두칠성

北 斗 七 星

북쪽 **북** 구기 **두** 일곱 **칠** 별 **성**

국자 모양의 일곱 개의 별

큰곰자리의 꼬리에 해당하는 일곱 개의 별이에요. 우리나라에서 일 년 내내 볼 수 있는 별로, 국자 모양으로 생겨서 맨눈으로도 쉽게 찾을 수 있답니다.

예문 **북두칠성**은 효심 가득한 일곱 아들이 죽어서 된 별이라는 전설이 있어요.

북극성 찾는 법!
북두칠성의 국자 모양 끝부분에 있는 별 두 개를 일직선으로 연결하고, 그 거리의 다섯 배만큼 떨어진 곳의 별을 찾아보세요!

3월 17일

국어

면담

面 談

얼굴 **면** 말씀 **담**

얼굴을 보고 이야기함

보통 서로의 생각이나 상황, 정보를 알기 위해 면담을 해요. 서로 만나서 대화를 나누기 때문에 상대방의 이야기를 직접 들을 수 있고, 표정 같은 반응도 바로 확인할 수 있어요.

예문 학교생활에 대한 제 생각을 **면담** 시간에 솔직하게 말했어요.

관련 어휘 **상담**: 문제를 해결하기 위해 의논함

해결하기 힘든 고민이 있다면 선생님께 상담을 요청해 보세요!

10월

12일

사회

실학

實 學

열매 실 배울 학

실제로 쓸모가 있는 학문

나라를 다스리거나 사람이 살아가는 데 실제로 도움이 되는 학문을 뜻하는 실학이 조선 후기에 등장했어요. 그전에는 이론과 형식을 중시하던 성리학이 조선의 근본 사상이었는데, 이는 백성들의 실생활에 도움을 주지는 못했어요. 그래서 실학자들은 나라를 바로잡고 실생활의 문제를 해결하기 위해 다양한 분야에 관심을 기울이고, 토지 제도를 고치거나 상공업을 발전시키며 사회 개혁을 꿈꿨어요.

예문 거중기를 만든 정약용은 조선 후기의 유명한 **실학**자예요.

관련 어휘 **성리학**: 공자가 만든 유교를 철학적으로 발전시킨 학문

3월

18일

과학

고체

固 體

굳을 고 몸 체

굳어 있는 물질

고체는 일정한 모양과 부피가 있으며 단단해서 쉽게 변형되지 않아요. 하지만 온도의 변화에 따라 액체나 기체로 변하기도 한답니다.

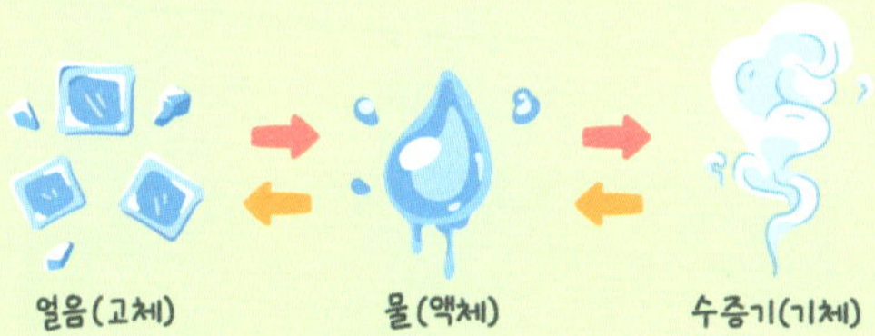

예문 이 자동차 장난감은 단단한 **고체**예요.

관련 어휘

액체: 일정한 모양은 없지만 부피가 있는 흐르는 물질

기체: 일정한 모양과 부피가 없는 공기 같은 물질

10월

11일

국어

다의어

多 義 語

많을 다 뜻 의 말씀 어

많은 뜻으로 쓰이는 말

다의어는 여러 가지 뜻을 가진 단어예요. '머리'를 예로 들어 볼까요? 머리는 ① 사람이나 동물의 목 위의 부분 ② 생각하고 판단하는 능력 ③ 머리카락 등의 뜻이 있어요. 그중 ①이 중심 의미이고, ②와 ③은 주변 의미예요. 주변 의미는 중심 의미와 뜻이 완전히 같진 않지만, 관련이 있어요.

예문 '손'은 '사람의 손'이라는 뜻과 '일을 하는 사람'이라는 뜻을 가진 **다의어**예요.

3월

19일

수학

자연수

自 然 數

스스로 자 그러할 연 셈 수

수를 셀 때 자연스러운 수

1, 2, 3, 4, 5 … 와 같이 우리가 어릴 때부터 수를 셀 때 사용했던 수예요. 1부터 시작해서 하나씩 더하여 얻는 모든 수를 말한답니다.

예문 보통 수를 세거나 순서를 매길 때 **자연수**를 사용해요.

10월 10일

과학

소비자

消 費 者

사라질 **소** 쓸 **비** 것 **자**

생산자를 먹이로 하는 생물

스스로 양분을 만들지 못하고 다른 생물을 먹으며 살아가는 생물이에요. 생태계는 먹이 단계가 올라갈수록 생물의 수가 줄어드는 피라미드 모양을 이루고 있어요.

예문 **소비자**는 1차 소비자, 2차 소비자, 최종 소비자로 구분해요.

관련 어휘 **생산자:** 살아가는 데 필요한 양분을 스스로 만드는 생물

3월 **20일**

음악

현악기

絃	樂	器
악기 줄 **현**	음악 **악**	도구 **기**

줄을 문지르거나 튕겨서
소리 내는 악기

현악기에는 활로 줄을 켜서 소리를 내는 악기와 손가락이나 도구로 줄을 튕겨서 소리를 내는 악기가 있어요.

예문 이번 연주회에서는 다양한 **현악기**의 하모니가 인상 깊었어요.

배워 보고 싶은 현악기가 있나요? 저는 기타를 배우고 싶어요!

10월

9일

사회

동학

東 學

동쪽 동 배울 학

서학인 천주교에 대응할 만한 동쪽의 학문

1860년에 최제우가 창시한 민족 종교예요. 사람이 곧 하늘이요, 하늘의 마음이 곧 사람의 마음이라는 '인내천' 사상을 내세웠어요. 이는 오랫동안 짓눌려 살았던 농민들의 마음을 사로잡았어요.

예문 조선 후기에 탐관오리들의 횡포로 농민들의 삶이 어려워졌고, 결국 **동학** 농민 운동이 일어났어요.

관련 어휘

탐관오리: 백성의 재물을 빼앗고 행실이 좋지 않은 관리

동학 농민 운동: 1894년 전봉준을 중심으로 동학도와 농민이 힘을 합쳐 못된 관리들에 맞서 싸운 운동

3월

21일

사회

신라

新 羅

새 신 벌일 라

박혁거세가 세운 나라

삼국 시대의 삼국 중 하나로, 기원전 57년에 박혁거세가 금성에 도읍하여 세운 나라예요. 삼국 중 가장 늦게 고대 국가의 모습을 갖추었지만, 고구려와 백제를 물리치고 삼국을 통일했답니다. 첨성대, 금관 같은 유적과 유물을 보면 과학 기술과 금속 공예 기술이 뛰어났음을 알 수 있어요.

예문 고구려와 백제와 달리, 신라에는 여왕이 있었어요.

관련 어휘 **진흥왕:** 한강 유역을 차지하고 화랑도를 발전시키며 신라의 전성기를 이룬 왕

10월

8일

수학

규칙성

規 則 性

법 **규** 법칙 **칙** 성질 **성**

규칙이 있는 성질

규칙성은 규칙이 있어 다음에 무엇이 올지 예상할 수 있는 성질이에요.
규칙성이 있으면 아래 표처럼 쉽게 답을 찾을 수 있어요.

예문 도형도 일정한 **규칙성**을 띠고 배열하면 다양한 무늬를 만들 수 있어요.

관련 어휘 **배열:** 일정한 차례나 간격에 따라 벌여 놓음

3월 22일

과학

혼합물

混 合 物

섞을 혼 합할 합 만물 물

둘 이상의 물질이 섞여 합쳐진 것

우리 주변에는 혼합물이 아주 많아요. 대표적으로 흙과 물이 섞인 흙탕물, 소금과 물이 섞인 소금물이 있어요. 혼합물은 여러 물질이 섞여 있지만, 각 물질의 성질은 변하지 않아요. 그래서 물질의 특징을 이용해 분리할 수도 있답니다. 거름종이를 이용해 흙탕물의 흙과 물을 분리하고, 소금물을 끓여서 소금만 걸러 내는 것처럼요.

예문 공기도 산소, 이산화 탄소, 질소 등이 모인 **혼합물**이에요.

관련 어휘 **거름종이:** 녹지 않는 물질을 거르는 특수한 종이

10월

7일

국어

낭독

朗 讀

밝을 낭 읽을 독

소리 내어 밝게 글을 읽음

낭독이란, 소리 내어 글을 읽는 것이에요. 글이 주는 느낌에 맞게 낭독하면 더 재미있게 글을 읽고, 내용도 더 잘 이해할 수 있어요.

예문 동네 문화 센터에서 유명 시인의 **낭독**회가 열린대요.

관련 어휘

낭송: 소리 내어 글을 읽거나 감정을 넣어 시를 욈

묵독: 소리 내지 않고 속으로 읽음

좋아하는 시를 가족들에게 낭독하여 들려주는 건 어때요?

3월

23일

국어

소설

小 說

작을 **소** 이야기 **설**

꾸며 쓴 이야기

소설은 현실에 있을 법한 일을 바탕으로 꾸며 쓴 이야기예요. 작가의 상상력이 더해질 수밖에 없죠. 독자는 주인공이 겪는 다양한 사건 안에서 재미와 감동을 느낄 수 있어요.

예문 다양한 **소설**을 읽으면 상상력이 마구 자랄 거예요.

관련 어휘

고전 소설: 『심청전』처럼 옛날에 쓰인 소설

현대 소설: 『마당을 나온 암탉』처럼 오늘날 쓰인 소설

소설은 분량에 따라 단편, 중편, 장편 소설로 나뉘어요.

10월

6일

미술

정물화

靜 物 畵

고요할 **정** 물건 **물** 그림 **화**

움직이지 못하는 물체를 그린 그림

과일, 꽃, 화병, 인형처럼 스스로 움직이지 못하는 물체들을 놓고 그린 그림을 말해요. 눈으로 사물의 모양, 색깔, 빛과 그림자를 자세히 보고 그리기 때문에 관찰력을 키울 수 있어요.

예문 책상 위에 과일과 꽃을 올려 두고 **정물화**를 그렸어요.

주위에서 쉽게 구할 수 있는 사물을 소재로 정물화를 그려 보세요!

3월

24일

사회

기업

企 業

꾀할 기 일 업

이익을 목적으로 일하는 조직

기업은 돈을 벌기 위해 다양한 물건을 만들어 팔거나 서비스를 제공해요. 그 덕분에 우리는 더욱 편하게 생활할 수 있어요. 또한 기업은 사람들에게 일자리를 제공하고, 국가의 경제 발전에 도움을 주기도 해요.

예문 기업은 더 많은 이윤을 남기기 위해 항상 노력해요.

관련 어휘 **이윤**: 물건이나 서비스를 만들고 팔아서 얻는 순수한 이익

우리가 좋아하는 과자를 만드는 회사도 기업이에요.

10월

5일

과학

화강암

花 崗 巖

꽃 **화** 산등성이 **강** 바위 **암**

꽃무늬가 있고
산등성이에 많이 있는 암석

화강암은 땅속 깊은 곳에서 마그마가 서서히 식으면서 굳어진 암석이에요. 밝은색을 띠고 있고, 알갱이가 눈에 보일 정도로 커요. 아주 단단해서 쉽게 부서지지 않는답니다. 그래서 조각상이나 건물 바닥에 많이 쓰여요.

예문 **화강암**을 자세히 보면 반짝거리는 검은색 알갱이가 있어요.

경주 석굴암의 불상을 화강암으로 만들었대요.

3월

25일

미술

채도

彩 度

채색 채 정도 도

색의 선명한 정도

채도가 높으면 색이 아주 선명하고 또렷해 보여요. 반대로 채도가 낮으면 흐리고 탁해 보이죠. 맑게 갠 하늘은 채도가 높은 파란색, 구름이 가득 낀 하늘은 채도가 낮은 파란색이라고 생각하면 쉬워요.

예문 사진의 **채도**를 높여서 선명하게 만들어 볼까요?

관련 어휘

유채색: 빨강, 노랑, 파랑처럼 색상이 있는 색

무채색: 검정, 하양, 회색처럼 색상이 없는 색

10월

4일

수학

구

球

공 구

공처럼 둥글게 생긴 모양

반원의 지름을 회전축으로 한번 회전시킨 입체 도형이에요. 구는 어느 방향으로 잘라도 단면이 항상 원이에요. 구의 중심을 지나는 평면으로 자르면 가장 큰 원이 만들어진답니다.

예문 우리가 사는 지구도 동그란 **구** 모양이에요.

관련 어휘 **반구**: 구의 절반

'반구'는 반원의 지름을 회전축으로 절반 회전시킨 입체 도형이에요.

3월

26일

과학

적응

適 應

맞을 적 응할 응

생물이 환경에 맞추어 살아가는 현상

생물은 서식지의 환경에 따라 생김새나 생활 방식이 달라져요. 더운 사막에 사는 사막여우는 열 방출을 위해 큰 귀를 가지고 있지만, 추운 북극에 사는 북극여우는 열 방출을 막기 위해 작은 귀를 가지고 있어요.

예문 낙타는 사막 환경에 **적응**하기 위해 등에 혹이 발달했어요.

관련 어휘 **서식지:** 생물이 자리 잡고 살아가는 곳

사막여우처럼 환경에 적응한 다른 동물들도 찾아볼까요?

10월

3일

사회

독과점

獨 寡 占

홀로 독 적을 과 차지할 점

독점과 과점을 아울러 이르는 말

특정 상품에 하나의 기업이 시장을 차지하는 '독점'과 두 개 이상의 기업이 시장을 장악하는 '과점'을 합쳐 일컫는 말이에요. 독과점일 경우, 물건값이 너무 비쌀 수 있어서 우리나라는 법으로 시장 가격을 조절하고 있어요.

예문 사탕을 한 회사에서만 만들어 팔면 **독과점** 문제가 발생할 거예요.

관련 어휘 **공정 거래법:** 독과점 기업의 횡포를 막고 공정 거래를 유도하는 법률

어떤 물건을 만드는 회사가 많아야
서로 경쟁해서 상품의 품질을 높이고, 가격을 낮추어요.

3월

27일

사회

적도

赤 道

붉을 적 길 도

지구의 중간을 가로지르는 선

적도를 중심으로 위쪽은 북반구, 아래쪽은 남반구로 나누어요. 적도와 가까울수록 태양의 열을 많이 받아서 기온이 높고, 비가 많이 내려요.

예문

적도 근처에는 인도네시아, 케냐처럼 더운 나라들이 있어요.

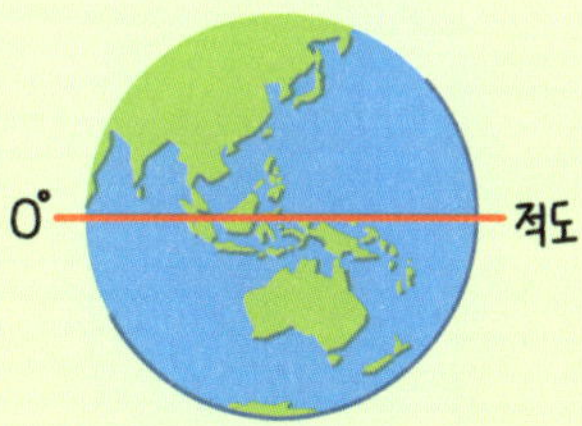

우리나라는 적도의 위쪽, 즉 북반구에 있어요.

10월

2일

국어

궁리

窮 理

다할 **궁** 이치 **리**

이치를 깊이 생각함

'이치를 탐구하다'라는 말에서 나온 단어로, 마음속으로 이리저리 따져서 깊이 생각하는 것을 뜻해요. 무언가 계획을 세우거나 좋은 방법을 고민할 때, 어려운 일을 해결해야 할 때 궁리하는 힘이 발휘돼요.

예문 과학 발명품으로 무엇을 만들면 좋을지 열심히 **궁리**했어요.

관련 어휘

모색: 이리저리 생각하여 좋은 방법이나 해결책을 찾음

숙고: 곰곰이 잘 생각함

3월

28일

국어

주어

主 語

주인 주　　말씀 어

문장에서 주체가 되는 말

문장에서 행동이나 상태의 주체가 되는 말로, '누가, 무엇이'에 해당하는 부분이에요. 보통 주어는 문장 앞쪽에 나와요.

예문 '나는 학교에 갑니다.'에서 **주어**는 '나는'이에요.

관련 어휘

서술어: 주어의 행동, 상태, 성질을 설명하는 말

목적어: 동작의 대상이 되는 말

10월

1일

현무암

玄 武 巖

검을 **현** 굳셀 **무** 바위 **암**

과학

검고 단단한 암석

현무암은 땅속 깊은 곳의 마그마가 지표를 뚫고 나와 빠르게 굳어진 암석이에요. 검은색 또는 짙은 회색을 띠고 있고, 빠르게 식어서 알갱이가 매우 작아요. 그리고 가스가 빠져나간 흔적으로 구멍이 송송 나 있답니다. 주로 제주도와 울릉도에서 볼 수 있어요.

예문 제주도는 화산섬이라 **현무암**으로 만든 돌하르방이 많이 있어요.

관련 어휘 **화성암:** 화산과 마그마의 활동으로 생긴 암석

3월

29일

과학

기압

氣 壓

공기 기　　누를 압

공기가 누르는 힘

공기의 무게에 의해 생기는 압력이에요. 주위보다 기압이 높으면 '고기압', 주위보다 기압이 낮으면 '저기압'이라고 해요.

예문 **기압** 차이에 의해 공기가 움직이는데, 이를 '바람'이라고 해요.

관련 어휘 **압력:** 누르는 힘의 크기

높은 산일수록 기압이 낮아 공기가 희박해요.
그래서 엄청 높은 산에서는 숨을 쉬기가 어려워요.

9월 **30일**

사회

외교

外 交

바깥 **외** 사귈 **교**

다른 나라와 하는 교제

다른 나라와 정치적·경제적·문화적 관계를 맺는 일이에요. 외교부는 외교 업무를 담당하는 중앙 행정 기관으로, 다른 나라와 협력할 수 있는 정책을 만들어요. 또 다른 나라에 있는 우리 국민을 보호하고 지원하고 있어요.

예문 우리나라는 수많은 나라와 **외교** 관계를 맺고 있어요.

관련 어휘

외교권: 다른 나라와 외교를 할 수 있는 권리

외교관: 나라를 대표하여 외교 업무를 하는 사람

3월

30일

수학

분수

分 數

나눌 **분** 셈 **수**

전체에 대한 부분을 나타낸 수

어떤 수를 0이 아닌 수로 나눈 수예요. 가로선 위에 있는 수를 '분자', 아래에 있는 수를 '분모'라고 해요.

$\frac{1}{2}$: 1 → 분자, 2 → 분모

예문 분수 $\frac{1}{2}$은 전체 1을 2로 나눈 것 중의 하나예요.

관련 어휘

진분수: 분자가 분모보다 작은 분수 … $\frac{2}{5}$

가분수: 분자가 분모와 같거나 분모보다 큰 분수 … $\frac{7}{3}$

대분수: 자연수와 분수의 합 … $1\frac{1}{3}$

9월 **29일**

음악

박자

拍 子

칠 **박** 접미사 **자**

마디를 이루는 박의 무리

일정한 수의 박이 모인 것으로, 센박과 여린박이 규칙적으로 반복되면서 형성되는 리듬의 기본 단위예요.

2/4 ♩ ♩ 강 약	3/4 ♩ ♩ ♩ 강 약 약	4/4 ♩ ♩ ♩ ♩ 강 약 중강 약
4분음표를 1박으로, 1마디 안에 2박이 들어 있음	4분음표를 1박으로, 1마디 안에 3박이 들어 있음	4분음표를 1박으로, 1마디 안에 4박이 들어 있음

예문 악보에 **박자**를 나타낼 때는 분수로 박자표를 적어서 표시해요.

관련 어휘 **마디:** 악보에서 세로줄로 구분되는 악곡의 가장 작은 단위

3월

31일

과학

멸종

滅 種

멸망할 멸 종류 종

생명의 한 종류가 없어짐

지구에 살고 있던 동식물이 더 이상 보이지 않게 되는 것을 말해요. 요즘은 환경 오염 때문에 서식지를 잃고 멸종하는 동식물이 많아요. 멸종되면 다시 만날 수 없으니까 우리 모두 자연과 생물을 아끼고 보호해야 해요.

예문 공룡은 아주 옛날에 급격한 환경 변화로 **멸종**되었어요.

관련 어휘 **천연기념물**: 희귀하고 가치가 높아서 법으로 정해 보호하는 자연물

북극곰 멸종을 막기 위해 우리는 무엇을 할 수 있을까요?

9월

28일

수학

그래프

graph

자료를 띠, 막대, 직선 등을 사용하여 나타낸 것

그래프는 자료의 결과를 한눈에 볼 수 있도록 나타낸 그림이에요. 종류로는 띠그래프, 원그래프, 막대그래프, 꺾은선그래프 등이 있어요.

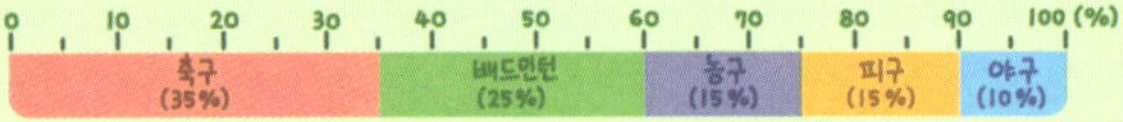

띠그래프

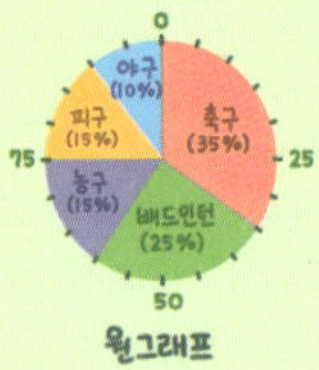

원그래프

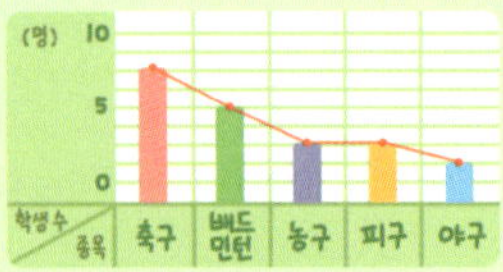

막대 그래프 / 꺾은선 그래프

예문 우리 반 친구들이 가장 좋아하는 과일을 막대**그래프**로 나타냈어요.

4월

1일

각

角

각도 각

두 직선이 만나서 생기는 도형

두 직선이 한 점에서 만나 이루어진 도형이에요. 다각형의 안쪽에 생기는 각을 '내각', 다각형의 한 변과 그 이웃한 변의 연장선이 이루는 각을 '외각'이라고 해요.

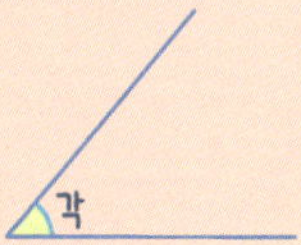

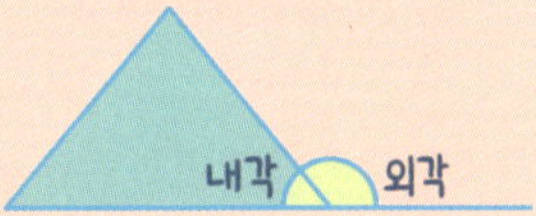

예문 각도기로 재어 보니 **각**의 크기가 160°였어요.

관련 어휘 **다각형**: 3개 이상의 선분으로 둘러싸이고 각이 여럿인 도형

9월

27일

사회

규장각

奎 章 閣

문장 규 글 장 집 각

임금의 글이나 글씨를
보관하는 집

규장각은 조선 22대 임금인 정조가 설치한 왕실 도서관이자 학술과 정책을 연구하는 기관이에요. 정조는 규장각에 역대 왕들의 글이나 현판을 모아 보관했어요. 그리고 정약용 같은 유능한 인재들을 등용해 정책을 연구하고, 책을 펴내게 했답니다.

예문 정조는 왕권을 강화하고자 **규장각**을 세워 나랏일을 연구했어요.

정조는 조선 후기의 왕으로, 뛰어난 업적을 남겼어요.

4월

2일

음악

국악기

國 樂 器

나라 국　음악 악　도구 기

국악에 쓰이는 악기

예로부터 전해 오는 우리나라의 고유한 음악을 '국악'이라고 해요. 국악기는 바로 이 국악 연주에 쓰이는 악기예요. 가야금, 거문고, 대금, 태평소, 장구, 꽹과리 등이 있답니다.

예문 추석을 맞아 열린 공연에서 다양한 **국악기**를 보았어요.

국악에는 판소리, 민요, 사물놀이 등 여러 장르가 있어요.

9월

26일

과학

기공

氣 孔

공기 기　　구멍 공

공기구멍

식물의 잎에서 숨쉬기와 증산 작용을 하는 구멍이에요. 여기로 광합성에 필요한 이산화 탄소가 들어오고, 광합성으로 만들어진 산소가 나간답니다. 또 물을 수증기로 바꾸어 내보내기도 해요. 기공은 보통 잎의 뒷면에 있고, 수련처럼 잎의 뒷면이 물에 잠겨 있는 식물은 잎의 앞면에 있어요.

예문 소시지처럼 생긴 한 쌍의 공변세포가 **기공**을 열고 닫아요.

관련 어휘 **증산 작용:** 뿌리로 흡수된 물이 기공을 통해 수증기 상태로 빠져나감

4월

3일

국어

시

詩

시 시

간결한 언어로 표현한 글

시는 말하는 이의 생각과 느낌을 노래하듯 짧게 표현한 글이에요. 소설처럼 길게 풀어 쓰지 않고, 감정을 압축해서 짧게 담아내요. 시의 각 줄을 '행', 행이 모인 한 묶음을 '연'이라고 해요.

예문 봄을 주제로 직접 **시**를 써 보세요.

관련 어휘

정형시: 일정한 형식과 규칙에 맞춰 쓴 시

자유시: 자유로운 형식으로 쓴 시

시는 짧지만, 많은 생각과 감정이 숨겨져 있어요.

9월

25일

국어

장면

場 面

마당 장 낯 면

무대의 모습

어떤 장소에서 벌어지는 사건의 한 광경이에요. 영화, 연극, 문학 작품에서는 한 인물이 같은 공간 안에서 벌이는 사건의 모습을 말하죠. 혹시 최근에 봤던 영화나 연극, 문학 작품에서 가장 기억에 남는 장면이 있나요? 한번 그 장면에 대한 나만의 생각과 느낌을 기록해 보세요. 그러면 감수성이 더 풍부해지고, 표현력이 좋아질 거예요.

예문 어제 봤던 영화는 주인공이 공원에서 자전거를 타는 **장면**으로 시작해요.

작가가 되었다고 생각하고, 동화의 첫 장면을 상상해 볼까요?

4월

4일

과학

태양계

太 陽 系

클 태 볕 양 이을 계

태양을 중심으로 이어진 천체들

태양을 포함하여 태양 주위를 공전하는 천체와 이들이 차지하는 공간을 말해요. 태양과 태양 주위를 도는 행성, 행성 주위를 도는 위성, 크기가 작은 소행성, 긴 꼬리가 달린 혜성 등 다양한 천체들이 모여 태양계를 이루어요.

예문 나중에 우주에 가서 **태양계**를 직접 보고 싶어요.

관련 어휘 **유성:** 태양계를 떠도는 작은 암석 조각인 유성체가 지구 대기권에 들어와 마찰로 타면서 빛을 내는 현상

9월 24일

사회

다문화 가정

多	文	化	家	庭
많을 다	문화 문	될 화	집 가	뜰 정

국적과 문화적 배경이
다른 사람들로 이루어진 가정

세계에는 다양한 다문화 가정이 있어요. 태어난 곳에서 계속 사는 사람도 있지만, 공부나 취업, 결혼 등 여러 이유로 다른 나라에 가서 사는 사람도 많거든요. 우리나라도 한국에 거주하는 외국인이 늘어나면서 다문화 가정이 많아지고 있답니다.

예문 다문화 가정은 서로 다른 문화를 가진 사람들이 가족이 된 거예요.

주변에 다른 문화를 가진 친구가 있다면
서로 다름을 인정하고, 배려하며 이해하는 마음을 가져야 해요.

4월

5일

사회

강수량

降 水 量

내릴 **강** 물 **수** 분량 **량**

땅에 내린 물의 전체 양

일정 시간 동안 일정 지역에 내린 모든 물(비, 눈, 우박, 서리, 안개 등)을 다 합한 양이에요. 비의 양만 나타내면 '강우량', 눈의 양만 나타내면 '강설량'이라고 해요.

예문 이 지역은 평균 **강수량**이 낮아서 땅이 메말랐어요.

관련 어휘

우량계: 일정 시간 동안 비가 내린 양을 재는 기구

측우기: 조선 시대 때 장영실이 발명한 세계 최초의 우량계

우리나라는 세계 평균에 비해 연평균 강수량이 많은 편이에요.

9월

23일

과학

엽록체

葉 綠 體

잎 **엽** 초록빛 **록** 몸 **체**

잎에 들어 있는 초록빛 물체

엽록체는 식물 세포 안에 있는 소기관으로, 광합성이 이루어지는 장소예요. 잎이 초록색으로 보이는 것은 엽록체 속에 초록색 색소인 '엽록소'가 있기 때문이랍니다. 엽록소는 빛 에너지를 흡수해서 식물이 스스로 광합성을 하도록 도와줘요.

예문 식물은 **엽록체** 덕분에 스스로 영양분을 만들 수 있어요.

동물은 엽록체가 없어서 식물처럼 광합성을 할 수 없어요.

4월

국어

6일

구성

構 成

얽을 구 이룰 성

얽어서 이룸

구성이란, 몇 가지 부분이나 요소를 모아 전체를 이루도록 배열하는 것을 말해요. 문학 작품의 경우에는 등장인물, 배경, 사건 등을 짜임새 있게 묶으면 좋은 구성을 짤 수 있어요.

예문 글을 쓸 때는 이야기의 **구성**을 잘 생각하며 써야 해요.

각각의 사건들을 잘 배열하면 긴장감과 재미를 줄 수 있어요.

9월 **22일** 국어

홍보

弘 報

넓을 **홍** 알릴 **보**

널리 알림

사업이나 상품, 업적, 소식 등을 널리 알리는 것을 말해요. 새로운 가게의 영업 소식을 전하거나 지역 행사를 알리기 위해 포스터를 붙이는 것도 홍보에 해당해요. 이처럼 홍보는 판매를 목적으로 하는 광고와 다르게 소식이나 정보를 많은 사람에게 전하는 게 목적이에요.

예문 도서관 선생님께서 이번 주에 열리는 독서 프로그램을 **홍보**하셨어요.

관련 어휘 **광고:** 여러 가지 매체를 통해 상품과 서비스를 소비자에게 알리는 것

4월

7일

과학

지층

地 層

땅 **지** 층 **층**

퇴적물이 쌓여 굳어진 층

오랜 시간 동안 진흙, 모래, 자갈 등이 쌓이면서 굳어진 층이에요. 가장 아래에 있는 층이 제일 먼저 쌓인 것이고, 가장 위에 있는 층이 나중에 쌓인 것이에요. 지층에서는 화석이 발견되기도 해요.

예문 **지층**은 층마다 색깔이나 두께가 달라요.

관련 어휘

습곡: 지층이 물결 모양으로 휘어진 현상

단층: 지층이 끊어져서 어긋난 현상

습곡

단층

9월

21일

수학

비

比

견줄 비

두 개의 수나 양을 비교한 것

두 수의 크기나 양을 비교한 것이에요. 예를 들어, 분홍색을 만들기 위해 빨간색 물감 1방울, 하얀색 물감 3방울을 섞었다고 생각해 보세요. 이때 두 물감의 양을 비교하여 1:3으로 쓰고, '1 대 3'이라고 읽어요.

예문 빵 2개와 우유 3개의 비는 2:3이에요.

2 : 3
비교하는 양 기준량

관련 어휘 **비율**: 기준량에 어떤 수나 양을 비교하여 나타낸 값

비율은 비교하는 양÷기준량으로, 2:3을 비율로 나타내면 $\frac{2}{3}$예요.

4월

8일

수학

미지수

未 知 數

아닐 **미** 알 **지** 셈 **수**

알지 못하는 수

미지수는 값을 알지 못해서 구해야 하는 수를 뜻해요. 보통 초등학교에서는 어떤 수 또는 □로 표현해요.

예문 다음 식의 **미지수** 값을 구해 보세요.

관련 어휘 **방정식:** 미지수가 들어 있는 등식

□+12=45에서 미지수 □의 값은 무엇일까요? 맞아요, 33이에요.

9월

20일

사회

안내도

案 內 圖

인도할 안　안 내　그림 도

안내하는 내용을 그린 그림

안내도는 장소를 쉽게 찾을 수 있도록 만든 지도예요. 우리 주변에는 등산 안내도나 놀이공원 안내도, 동물원 안내도 등 다양한 안내도가 있어요. 그 덕분에 낯선 장소에서도 길을 잃지 않고 잘 찾을 수 있답니다.

예문 우리는 동물원 **안내도**를 보며 펭귄을 찾아갔어요.

4월

9일

사회

촌락

村 落

시골 촌　마을 락

작은 시골 마을

촌락은 자연을 이용해서 살아가는 곳이에요. 넓은 들판에서 농사를 짓거나 과일을 재배하는 곳은 '농촌', 바다에서 고기를 잡는 곳은 '어촌', 산속에서 버섯이나 약초를 캐는 곳은 '산촌'이라고 해요.

예문 저희 할머니 댁은 사과나무가 유명한 촌락에 있어요.

관련 어휘 **도시**: 사람과 건물이 많고 문화가 발달한 곳

촌락에는 할머니, 할아버지가 많이 계세요.

9월 19일

과학

먹이 사슬

먹이 관계가 사슬처럼 연결된 것

먹이 사슬은 생물이 서로 먹고 먹히며 이어진 관계를 말해요. 메뚜기는 벼를 먹고, 개구리는 메뚜기를 잡아먹고, 매는 개구리를 잡아먹듯이 생물은 서로 먹이 사슬로 연결되어 있어요.

예문 **먹이 사슬**이 끊어지면 생태계의 균형이 무너질 수 있어요.

관련 어휘 **먹이 그물:** 여러 개의 먹이 사슬이 얽혀 그물처럼 보이는 먹이 관계

4월

10일

과학

한살이

생물이 태어나서
죽을 때까지의 과정

동물과 식물은 태어나서 성장하며 자손을 남기고 죽어요. 이 전체의 과정을 한살이라고 해요.

배추흰나비의 한살이

예문 닭의 **한살이**를 그림으로 표현해 볼까요?

9월

18일

국어

관점

觀 點

볼 관 점 점

보는 점

사물이나 현상을 바라볼 때, 그 사람이 보고 생각하는 태도나 방향을 말해요. 컵에 물이 절반 정도 남았다고 상상해 볼까요? 어떤 사람은 반이나 남았다고 생각하고, 어떤 사람은 반밖에 안 남았다고 생각할 거예요. 같은 상황이어도 사람마다 관점이 달라서 생각의 차이가 생긴답니다.

예문 어떤 문제를 발견했을 때는 다양한 **관점**에서 생각하는 게 좋아요.

관련 어휘 **시각**: 사물을 관찰하고 파악하는 기본적인 자세

문학 작품은 읽는 사람의 관점에 따라 의미와 느낌이 다를 수 있어요.

4월

11일

사회

법원

法 院

법 **법** 집 **원**

법에 따라 재판하는 국가 기관

사람들 사이에 다툼이 생기거나 누가 잘못된 행동을 했을 때 재판을 통해 문제를 해결하는 곳이에요. 모두 공정한 재판을 받도록 세 번까지 재판을 받을 수 있는 '3심 제도'를 시행하고 있어요.

예문 **법원**은 법을 적용해서 재판하는 권력인 사법권을 가지고 있어요.

관련 어휘 **법:** 모든 국민이 지키기로 약속한 나라의 규범

9월

17일

사회

탕평책

蕩 平 策

쓸어 없앨 **탕** 평평할 **평** 꾀 **책**

어느 쪽으로 치우침 없이 공평한 정책

조선 21대 왕 영조가 각 당파에서 고르게 인재를 등용하던 정책이에요. 조선 후기에는 신하들이 노론, 소론, 남인, 북인 등의 당파로 나뉘어서 붕당 정치를 펼쳤는데, 영조는 이를 정치 혼란의 큰 원인이라 생각했어요. 각 붕당 간의 싸움이 점차 치열해졌거든요. 그래서 신하들이 싸우지 않고 정치에 골고루 참여할 수 있게 탕평책을 실시한 거예요.

예문 영조에 이어 정조도 **탕평책**을 계승하여 능력 있는 인재를 등용했어요.

관련 어휘 **붕당**: 조선 시대에 이념에 따라 이루어진 집단

4월

12일

과학

융해

融 解

녹을 **융** 풀 **해**

고체가 액체로 변하는 현상

단단한 고체가 열을 받으면 녹아서 액체로 변해요. 밖에 꺼내 놓은 얼음이 물로 변하는 것도 융해랍니다. 반대로 물을 냉동실에 넣으면 얼음이 되죠? 이처럼 액체가 차가워져서 고체로 변하는 현상은 '응고'라고 해요.

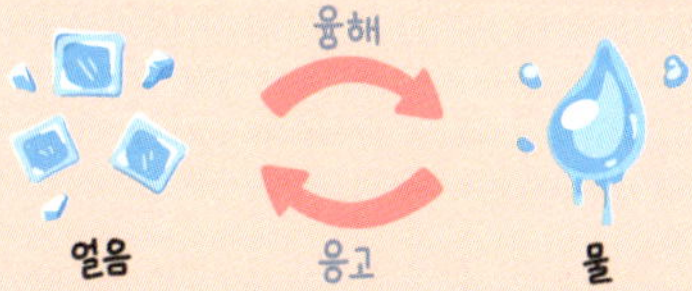

예문 뜨거운 프라이팬 위에 올려 둔 버터가 녹는 건 **융해**예요.

물질의 상태가 변할 수 있다니 정말 신기하죠?

9월 16일

과학

GPS

Global Positioning System

위성 위치 확인 시스템

지구 주위를 도는 인공위성을 이용해 지구에 있는 물체의 위치를 확인하는 기술이에요. 그래서 GPS 기술을 사용하면 내가 지금 어디에 있는지 알 수 있답니다. 그 덕분에 우리는 자동차 내비게이션이나 스마트폰의 길 찾기 서비스로 길을 쉽게 찾을 수 있고, 선박과 항공기는 위치를 파악해 항로를 정할 수 있어요.

예문 **GPS** 기술을 이용하여 주변의 맛집을 검색할 수 있어요.

관련 어휘 **내비게이션:** 지도 안내를 통해 길 찾기를 도와주는 프로그램

4월

13일

국어

의성어

擬 聲 語

흉내 낼 **의** 소리 **성** 말씀 **어**

소리를 흉내 낸 말

'깔깔, 따르릉' 같은 의성어는 사람이나 사물의 소리를 흉내 낸 말이에요. 대화하거나 글을 쓸 때, 의성어를 사용하면 더 실감 나고 재미있게 표현할 수 있어요.

예문 굵은 빗방울이 갑자기 떨어질 때는 **의성어** '후드득'을 사용하면 돼요.

관련 어휘 **의태어:** 사람이나 사물의 모양을 흉내 낸 말

9월

15일

수학

약수

約 數

나눌 **약** 셈 **수**

나누어떨어지게 하는 수

약수는 어떤 수를 나머지 없이 나누어떨어지게 하는 수예요. 예를 들어, 6의 약수를 구해 볼까요? 숫자 6을 나머지 없이 나누어떨어지게 하는 자연수는 1, 2, 3, 6이에요. 따라서 6의 약수는 1, 2, 3, 6이지요.

6의 약수	10의 약수	6, 10의 공약수	6, 10의 최대 공약수
1, 2, 3, 6	1, 2, 5, 10	1, 2	2

예문 1은 모든 수의 **약수**에 속해요.

관련 어휘

공약수: 어떤 두 수의 공통된 약수

최대 공약수: 공약수 중에서 가장 큰 수

4월

14일

사회

다수결

多 數 決

많을 다　　셈 수　　결정할 결

많은 사람의 의견에 따라 결정하는 것

회의나 투표에서 더 많은 사람의 의견을 따르는 것이에요. 그러면 싸우지 않고 민주적으로 의사 결정을 할 수 있답니다. 하지만 소수의 의견을 무시하거나 자신과 다른 의견이 뽑혔다고 화를 내면 안 돼요.

예문 이번 체험 학습 장소는 **다수결**에 따라 동물원으로 정해졌어요.

9월

14일

국어

인용

引 用

끌 인　　쓸 용

끌어다 씀

다른 사람의 말이나 글에서 필요한 부분을 끌어다 쓰는 것을 뜻해요. 글을 쓸 때, 전문가의 말이나 책에 나온 내용을 빌려서 이야기하면 더 신뢰감을 줄 수 있어요. 인용한 말은 작은따옴표(' ')나 큰따옴표(" ")에 넣어서 나타내요.

No.

	나	폴	레	옹	은		"	내		사	전	에
불	가	능	이	란		단	어	는		없	다	."
라	고		말	했	다	.						

예문 선생님께서 위인들의 말을 **인용**해서 독서의 중요성을 알려 주셨어요.

4월

15일

과학

광원

光 源

빛 **광** 근원 **원**

스스로 빛을 내는 물체

광원에는 자연적으로 빛을 내는 반딧불이나 별, 인공적으로 빛을 내는 전등, 촛불, 스마트폰 화면 등이 있어요. 우리는 광원이 있어서 어두운 곳에서도 앞을 잘 볼 수 있답니다.

예문 태양도 스스로 빛을 내니까 **광원**이에요.

관련 어휘 **반사:** 빛이 물체 표면에 부딪쳐서 되돌아오는 현상

달은 태양의 빛을 반사하여 빛나기 때문에 광원이 아니에요.

9월 **13일**

사회

병자호란

丙	子	胡	亂
셋째 천간 **병**	첫째 지지 **자**	오랑캐 **호**	어지러울 **란**

병자년에 청나라가 일으킨 난리

조선이 오랑캐라 부르며 얕잡아 봤던 여진족이 청나라를 세우고, 조선에 신하의 예를 갖추라고 요구했어요. 하지만 조선이 이를 거절하자, 화가 난 청나라 태종이 병자년인 1636년에 조선을 침략했답니다. 이 난리를 병자호란이라고 해요. 조선 16대 임금인 인조는 남한산성으로 피하고 45일간 맞서 싸웠지만, 결국 청나라에 항복하고 말았어요. 조선은 청나라와 신하와 임금의 관계를 맺을 수밖에 없었고, 소현 세자와 봉림대군, 그리고 수많은 백성이 청나라에 인질로 잡혀가야만 했어요.

예문 효종은 **병자호란**의 치욕을 씻기 위해 북벌 정책을 추진했어요.

4월

16일

국어

시청자

視 聽 者

볼 시 들을 청 사람 자

보고 듣는 사람

시청자는 방송 프로그램을 보고 듣는 사람을 말해요. TV에서 다큐멘터리나 뉴스 등을 볼 때, 유튜브에서 재미난 영상을 볼 때 우리는 시청자가 되는 거예요.

예문 **시청자**의 사연이나 투표를 받는 프로그램도 있어요.

관련 어휘 **청취자:** 라디오 방송을 듣는 사람

9월

12일

과학

돋보기

작은 것을 크게 볼 수 있는 안경

돋보기는 볼록 렌즈로 만든 안경으로, 작은 것을 크게 볼 수 있어요. 글자를 크게 확대해서 보여 주기 때문에 주로 할아버지, 할머니들이 많이 사용해요. 나이가 들면 가까운 곳의 물체를 보기가 힘들거든요.

예문 할아버지는 아침마다 **돋보기**를 끼고 신문을 읽으세요.

관련 어휘

루페: 물체를 크게 볼 수 있게 만든 볼록 렌즈

원시: 가까이 있는 물체를 잘 볼 수 없는 시력

4월

17일

사회

신분 제도

身 分 制 度

몸 신 나눌 분 제도 제 법도 도

출신에 따라 계급을 나누는 제도

삼국 시대 때는 크게 귀족, 평민, 노비로 나뉘었고, 조선 시대 때는 양반, 중인, 상민, 천민으로 나뉘었어요.

예문 **신분 제도**가 사라진 후에는 모두 평등해졌어요.

관련 어휘 **골품 제도:** 혈통에 따른 신라의 신분 제도

9월

11일

음악

민요

民 謠

백성 민　　노래 요

민중의 노래

예로부터 민중 사이에 불려 오던 전통 노래예요. 대부분 여럿이 모여 일하다가 흥을 돋우기 위해 부르던 것에서 시작됐어요. 그래서 노랫말에는 백성들의 생활과 감정이 잘 담겨 있답니다.

예문 **민요**는 누가 작곡하고 작사했는지 알 수 없어요.

민요에는 놀이하면서 부른 '유희요', 일하면서 부른 '노동요', 의식이나 장례를 치르며 부른 '의식요'가 있어요.

4월

18일

수학

사각형

四 角 形

넷 **사** 각도 **각** 모양 **형**

각이 네 개인 도형

사각형은 4개의 선분으로 둘러싸인 도형이에요. 변과 꼭짓점도 4개씩 있어요.

사각형의 포함 관계

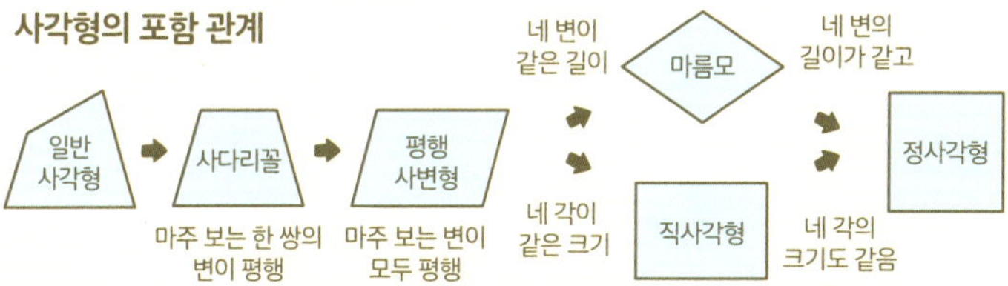

예문 우리 주변에서 **사각형** 모양의 물체를 쉽게 찾을 수 있어요.

9월

10일

사회

타협

妥 協

온당할 **타** 화합할 **협**

온당하게 화합함

어떤 일을 서로 양보하여 협의하는 것을 말해요. 사람마다 의견이 다른데, 무작정 자기 생각만 내세우면 갈등이 생기겠죠? 그래서 조금씩 양보해서 좋은 방법을 찾는 타협이 필요해요. 민주주의 나라에서는 대화와 토론을 통해 타협을 이루며 의사 결정을 하고 있어요.

예문 술래를 정하기 위해서 가위바위보를 하기로 친구들과 **타협**했어요.

4월

19일

국어

경어

敬 語

공경할 **경** 말씀 **어**

공경하는 말

상대방에게 공경의 뜻을 나타내기 위해 사용하는 말이에요. 예를 들어, '진지 잡수셨어요?'나 '잠시만 기다려 주세요.' 같은 말들이 있어요. 우리가 어른들에게 쓰는 높임말이 바로 경어예요.

예문 어른들에게는 예의 바르게 **경어**를 써야 해요.

관련 어휘

높임말: 사람이나 사물을 높여서 이르는 말

비어: 대상을 얕잡아 보고 낮추어 이르는 말

9월

9일

국어

제작진

製	作	陳
지을 **제**	만들 **작**	무리 **진**

짓고 만드는 무리

연기자를 제외한 연극, 영화, 방송 제작과 관련된 모든 사람을 말해요. 드라마나 예능 프로그램, 영화를 만들기 위해서는 감독, 작가, 조명 기사, 음향 기사, 편집 담당자 등 수많은 사람이 필요해요.

예문 환경 다큐멘터리를 보고, 오랫동안 노력한 **제작진**을 존경하게 되었어요.

관련 어휘

연출: 시나리오를 바탕으로 연기, 무대, 음악 등을 전체적으로 이끄는 일

매체: 방송, 인터넷처럼 어떤 정보를 다른 쪽으로 전달하는 매개체

제작진을 '스태프'라고도 불러요.

4월 20일

과학

에너지

energy

일할 수 있는 능력

사람이나 동식물이 살아가고, 기계가 움직이기 위해서는 에너지가 필요해요. 사람과 동물은 무언가를 먹으면서 에너지를 얻고, 식물은 햇빛을 통해 스스로 에너지를 만들어요. 그리고 기계는 전기, 가스, 기름에서 에너지를 얻어요.

예문 형광등은 전기를 빛 **에너지**로 바꿔 방을 환하게 밝혀 줘요.

에너지의 종류에는 위치 에너지, 운동 에너지, 열에너지, 빛 에너지, 화학 에너지, 전기 에너지 등이 있어요.

9월

8일

수학

수직선

數 直 線

셈 **수** 곧을 **직** 줄 **선**

수를 대응시킨 선

일정한 간격으로 눈금을 표시하여 수를 대응시킨 직선이에요. 직선 위에 0을 나타내는 원점을 기준으로, 양의 정수는 오른쪽에, 음의 정수는 왼쪽에 나타내요. 이때 양의 정수는 0보다 큰 자연수이고, 음의 정수는 0보다 작은 수예요. 수직선에서 오른쪽으로 갈수록 수가 커진답니다.

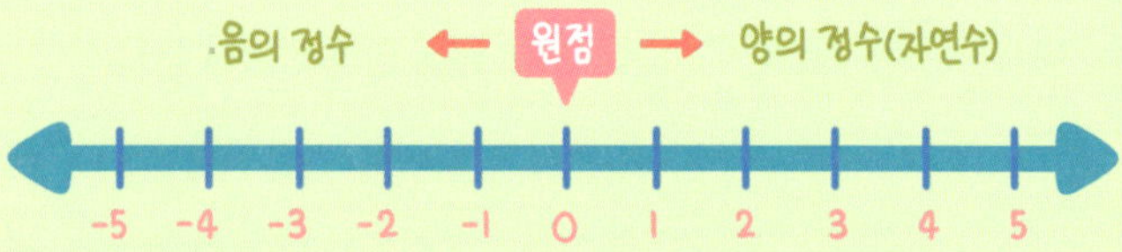

예문 1보다 큰 수를 **수직선** 위에 표시해 보세요.

4월

21일

사회

교류

交 流

주고받을 **교** 흐를 **류**

물건, 문화, 기술 등을 서로 주고받음

교류는 사람이나 지역, 나라끼리 여러 가지를 주고받는 거예요. 제주도의 귤이 다른 지역으로 배달되는 것, 다른 나라에 한국 문화를 소개하는 것도 교류에 속해요. 다른 나라의 물건을 사고, 우리나라의 물건을 파는 것 역시 교류에 속한답니다.

예문 K-POP을 통해 문화 **교류**가 활발히 이루어지고 있어요.

관련 어휘 **교환**: 물건 따위를 서로 바꿈

9월

7일

국어

객관적

客 觀 的

손님 객 볼 관 것 적

다른 사람의 입장에서 사물을 보거나 생각하는 것

객관적이란, 감정을 섞지 않고 사실을 바탕으로 생각하고 말하는 것이에요. 그래서 객관적인 글은 논리의 힘이 있답니다. 특히 논설문을 쓸 때는 자신의 주장을 뒷받침하는 객관적인 근거를 제시하는 게 좋아요.

예문 기사는 사실을 정확하게 전달할 수 있도록 **객관적**으로 써야 해요.

관련 어휘 **주관적**: 나의 입장에서 사물을 보거나 생각하는 것

'이 장미는 빨간색이에요.'는 객관적인 표현이고,
'이 장미는 정말 아름다워요.'는 주관적인 표현이에요.

4월

22일

국어

공통점

共 通 點

함께 공 통할 통 점 점

함께 통하는 점

공통점은 어떤 대상들 사이에 두루 통하는 점을 말해요. 친구를 처음 사귈 때 나와 친구의 공통점을 한번 찾아보세요. 공통점을 찾아서 대화하다 보면 이야깃거리가 풍부해지고, 서로에게 쉽게 다가갈 수 있을 거예요.

예문 언니와 나는 식사 후 산책하는 걸 좋아하는 **공통점**이 있어요.

관련 어휘 **차이점:** 어떤 대상들끼리 비교했을 때 서로 다른 점

강아지와 고양이의 공통점은 무엇일까요?

9월 6일 사회

님비 현상

NIMBY

**모두에게 필요한 시설이지만,
자신의 지역에 생기는 건 반대하는 현상**

쓰레기 처리장은 모두에게 필요한 시설이에요. 하지만 자신이 속한 지역에 생기는 건 반대하는 사람들이 있어요. 이처럼 공공의 이익에 부합하는 시설이지만, 자신이 사는 지역에 생기는 걸 꺼리는 현상을 님비 현상이라고 해요. 님비 현상을 해결하려면 시설의 안정성을 보장하고 적절한 보상을 마련하여 주민들과 충분히 대화하고 타협해야 해요.

예문 발전소 설치를 두고 이웃 지역과 **님비 현상**으로 인한 갈등이 커졌어요.

관련 어휘
주민 자치: 주민 스스로 지역의 일에 참여하여 결정하고 책임지는 것
핌피 현상: 자신이 속한 지역에 이로운 시설을 유치하려는 현상

4월 23일

체육

심폐 소생술

心 肺 蘇 生 術

마음 심 / 허파 폐 / 되살아날 소 / 살 생 / 재주 술

심장과 폐를 살리는 기술

심장과 폐의 활동이 멈췄을 때 혈액을 순환시키고 호흡을 돕는 응급 처치 방법이에요. 심장이 멈추고 4~5분이 지나면 뇌에 손상이 가기 때문에 신속하게 응급 처치를 해야 해요.

심폐 소생술 방법	환자 반응 확인 → 119 신고 → 호흡 확인 → 가슴 압박 30회 → 기도 개방 → 인공호흡 2회 → 가슴 압박 및 인공호흡 반복

예문 한 초등학생이 학교에서 배운 **심폐 소생술**로 생명을 구했어요.

긴급한 상황에 대처하기 위해서 심폐 소생술을 꼭 배워야 해요!

9월

5일

과학

플라스틱

plastic

열이나 압력을 주어
일정한 형태를 만들 수 있는 화합물

플라스틱은 비금속 물질로, 일정한 열이나 힘을 주어 다양한 모양으로 만들 수 있어요. 녹슬지 않고, 깨지지 않고, 무겁지도 않아서 생활에 필요한 여러 물품을 만드는 데 사용해요. 하지만 잘 썩지 않고, 태우면 유독 가스가 나오기 때문에 환경 오염의 주범이기도 해요.

예문 **플라스틱**으로 만든 장난감은 가벼워서 가지고 놀기 좋아요.

플라스틱을 재활용할 수 있도록 분리수거를 잘해야 해요!

4월

24일

사회

자연환경

自 然 環 境

스스로 **자** 그러할 **연** 고리 **환** 장소 **경**

자연이 이루는 환경

하늘, 산, 바다, 강, 동식물 같은 자연의 요소들이 이루는 환경을 말해요. 강원도에 눈이 많이 내리고, 제주도에 바람이 세게 부는 것도 자연환경 때문이에요.

예문 농촌, 어촌의 모습이 다른 것처럼 **자연환경**은 사는 곳에 영향을 줘요.

관련 어휘

환경 보호: 자연환경을 잘 가꾸고 보존하는 일

인문 환경: 건물을 짓는 것처럼 사람이 만들어 낸 환경

9월

4일

미술

콜라주

collage

풀로 붙여 나타낸 그림

종이, 잡지, 사진 등을 찢거나 오려 붙여서 작품을 만드는 기법이에요. 물감 대신 천이나 솜, 실, 나뭇잎, 모래 등 다양한 재료를 이용하는데, 직접 그린 것보다 더 생생한 효과를 줄 수 있어요.

예문 **콜라주**는 '풀칠하다'라는 뜻의 프랑스어에서 유래했어요.

관련 어휘 **모자이크:** 유리나 타일 등을 조각조각 붙여서 무늬나 그림을 만드는 기법

4월 25일

국어

의사소통

意 思 疏 通

뜻 **의** 생각 **사** 트일 **소** 통할 **통**

생각이나 뜻이 통함

우리는 말과 글, 표정과 몸짓으로 서로의 생각이나 느낌을 주고받아요. 이때 서로 전하고자 하는 의미를 잘 이해한다면 의사소통이 원활하다고 할 수 있어요. 반대로 의사소통이 잘 이루어지지 않으면 오해나 갈등이 생기기도 해요.

예문 오늘따라 이상하게 친구랑 **의사소통**이 안되는 것 같아요.

친구와 오해가 생기지 않도록 내 생각을 정확히 전달해 보아요.

9월

국어

3일

논설문

論 說 文

말할 논 말씀 설 글월 문

논리적으로 서술한 글

논설문은 자기의 생각이나 주장을 체계적으로 밝혀서 쓴 글이에요. 다른 사람을 설득하기 위한 글이니까 나의 주장을 논리적으로 말하고, 그렇게 생각하는 이유도 설명해야 해요.

예문 **논설문**의 앞부분에서는 글을 쓰게 된 문제 상황과 나의 주장을 밝혀요.

관련 어휘 **논리적**: 앞뒤가 맞게 이유를 생각하는 것

'AI 선생님이 생기면 좋을까?'에 대한 나의 생각을 말해 보아요.

4월

26일

수학

삼각형

三 角 形

셋 **삼** 각도 **각** 모양 **형**

각이 세 개인 도형

삼각형은 3개의 선분으로 둘러싸인 도형이에요. 변과 꼭짓점도 3개씩 있어요. 삼각형은 변의 길이에 따라 정삼각형, 이등변 삼각형, 부등변 삼각형으로 나뉘어요.

정삼각형	이등변 삼각형	부등변 삼각형
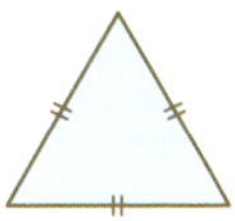		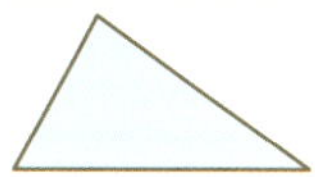
세 변의 길이가 모두 같음	두 변의 길이가 같음	세 변의 길이가 모두 다름

예문 삼각 김밥은 **삼각형** 모양을 가지고 있어요.

9월

2일

사회

봉수

烽 燧

봉화 봉 횃불 수

불이나 연기로 소식을 전하던 통신 제도

요즘에는 전화나 인터넷으로 빠르게 소식을 전하지만, 고려·조선 시대에는 그럴 수 없었어요. 그래서 밤에는 횃불, 낮에는 연기를 피워 나라의 위급한 일을 알렸답니다. 얼마나 위급한지에 따라 횃불이나 연기의 개수가 달랐어요.

예문 연기와 불이 잘 보일 수 있도록 산꼭대기에 **봉수**대를 설치했어요.

관련 어휘 **파발**: 사람이 직접 뛰어가거나 말을 타고 가서 소식을 전하던 통신 수단

4월

27일

생태계

生 態 系

살 생 모양 태 체계 계

생물이 살아가는 모습의 체계

생물과 생물, 생물과 환경은 서로 영향을 주고받으며 살아가요. 개구리가 곤충을 잡아먹고, 개미와 진딧물이 서로 도와주고, 식물이 햇빛을 받아서 양분을 만들고, 지렁이가 흙에서 살아가는 것처럼요. 이와 같은 모습을 바로 생태계라고 해요.

예문 **생태계** 안에서는 모두 연결되어 있어요.

벌이 사라지면 어떻게 될까요? 열매가 자랄 수 없고,
그로 인해 동물의 먹이가 줄어들어요. 결국 사람까지 영향을 받죠.
이처럼 생태계에 한 가지 문제가 생기면 전체가 흔들리게 돼요.

9월

1일

과학

퇴적암

堆 積 巖

쌓일 퇴 　 쌓을 적 　 바위 암

쌓여서 만들어진 암석

호수나 바다 밑에 쌓인 퇴적물이 오랫동안 다져지고 굳어져서 만들어진 암석이에요. 퇴적암에는 이암, 사암, 석회암, 암염 등이 있어요.

이암	진흙이 굳어져 된 암석
사암	모래가 굳어져 된 암석
석회암	조개껍데기가 굳어져 된 암석
암염	소금이 굳어져 된 암석

예문 퇴적물의 종류와 크기에 따라 **퇴적암**을 분류할 수 있어요.

관련 어휘 **퇴적**: 물이나 바람에 의해 운반되어 간 알갱이들이 쌓이는 것

4월

28일

미술

명도

明 度

밝을 **명** 정도 **도**

색의 밝고 어두운 정도

색 중에서 흰색이 가장 명도가 높고, 검은색이 가장 명도가 낮아요. 명도가 높을수록 밝은 느낌을 주고, 반대로 명도가 낮을수록 어두운 느낌을 줘요.

예문 같은 색이어도 **명도**에 따라 느낌이 달라요.

무채색은 색상이나 채도는 없고 명도만 있는 색이에요.

8월

31일

과학

공생

共 生

함께 공 살 생

서로 도우며 함께 살아감

어떤 생물들은 서로 도움을 주고받으며 함께 살아가요. 흰동가리와 말미잘, 곰치와 청소놀래기, 개미와 진딧물은 공생 관계의 생물들이에요. 이들이 공생하는 이유는 서로에게 이익이 되기 때문이랍니다.

흰동가리와 말미잘	말미잘은 흰동가리가 숨어서 적을 피할 수 있게 해 주고, 흰동가리는 말미잘에게 먹이를 끌어들여 줘요.
곰치와 청소놀래기	곰치는 이빨 사이에 낀 찌꺼기를 청소놀래기에게 내어 주고, 청소놀래기는 곰치 이빨을 청소해 줘요.
개미와 진딧물	개미는 진딧물을 무당벌레로부터 보호해 주고, 진딧물은 개미에게 꿀을 줘요.

예문 꽃은 벌에게 꿀을 주고, 벌은 꽃가루를 멀리 퍼뜨려 주는 **공생** 관계예요.

4월 29일

사회

문화유산

文 化 遺 産

글월 문 될 화 남길 유 낳을 산

다음 세대에 물려줄 만한
가치를 지닌 것

조상들이 남겨 준 생활 도구, 유물과 유적, 예술 활동과 공예 기술은 우리나라의 멋과 전통이 담긴 값진 문화유산이에요. 예전부터 전해져 온 만큼 보물처럼 아끼고 잘 지켜야 해요.

예문 우리의 아름다운 **문화유산**을 전 세계에 알리고 싶어요.

관련 어휘

유형 문화재: 불국사, 석굴암처럼 형체가 있는 문화재

무형 문화재: 판소리처럼 형체가 없고, 행위를 통해 나타나는 문화재

우리나라 문화유산 중 세계유산으로 지정된 건 뭐가 있을까요?

8월

30일

음악

합주

合 奏

합할 **합** 연주할 **주**

함께 모여 연주함

합주는 여러 사람이 모여서 두 가지 이상의 악기로 연주하는 것을 말해요. 악기 구성에 따라 관현악 합주, 현악 합주, 관악 합주로 나눌 수 있어요.

예문 음악 시간에 친구들과 함께 「작은 별」 **합주**를 했어요.

관련 어휘 **독주**: 혼자 악기를 연주하는 것

4월

30일

과학

진공

眞 空

참 진 빌 공

아무것도 없이 비어 있는 공간

우리는 눈에 보이지 않는 공기가 가득한 공간에서 살고 있어요. 하지만 진공은 이런 공기조차 존재하지 않는 공간이에요. 그래서 진공 상태인 우주에서는 소리도 들리지 않아요. 소리는 공기를 통해 전달되거든요.

예문 **진공** 포장을 하면 음식을 오래 보관할 수 있어요.

8월

29일

사회

노후화

老 朽 化

늙을 노 썩을 후 될 화

오래되거나 낡아서
쓸모가 없게 됨

물건을 오래 쓰면 고장 나고 망가지죠? 건물과 도로, 시설도 시간이 지나면서 낡고 사용하기 불편해져요. 이처럼 오래되어 낡은 상태를 노후화라고 한답니다. 도로나 건물, 지하철역 같은 시설이 노후화되면 위험할 수도 있어서 시기에 맞게 정비해야 해요.

예문 노후화된 지역은 주민들이 살기에 불편할 수도 있어요.

5월

1일

음악

타악기

打 樂 器

칠 **타** 음악 **악** 도구 **기**

두드려서 소리 내는 악기

타악기는 손이나 채로 두드려서 소리를 내요. 실로폰, 팀파니처럼 음높이가 있는 것과 탬버린, 캐스터네츠처럼 음높이가 없는 것으로 나뉘어요.

예문 드럼은 여러 개의 북과 심벌즈로 이루어진 **타악기**예요.

탬버린, 캐스터네츠, 트라이앵글은 학교에서 자주 보았죠?

8월

28일

수학

대응

對 應

대할 **대** 응할 **응**

서로 마주 대하여 호응함

대응은 두 대상이 서로 짝을 이루는 일이에요. 예를 들어, 고양이의 수와 고양이 다리 수의 대응 관계는 아래와 같아요. 고양이가 1마리면 다리는 4개, 2마리면 8개, 3마리면 12개 …로 늘어나요.

고양이 수	1	2	3	…
다리 수	4	8	12	…

이 대응 관계를 식으로 나타내면 다리 수 = 고양이 수 × 4가 돼요.

예문 그림과 알맞은 단어를 서로 **대응**시켜 보세요.

5월

2일

수학

합동

合 同

합할 **합** 한가지 **동**

모양과 크기가 같은 도형

모양과 크기가 같아서 포개었을 때 완전히 겹쳐지는 두 도형을 말해요. 합동인 두 도형을 완전히 포개었을 때 겹쳐지는 점을 '대응점', 겹쳐지는 변을 '대응변', 겹쳐지는 각을 '대응각'이라고 해요.

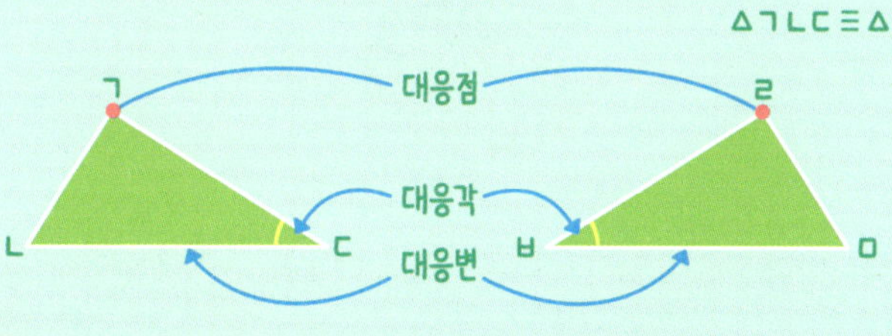

예문 두 도형의 **합동**을 나타낼 때는 ≡ 기호로 나타내요.

8월

27일

국어

관습

慣 習

익숙할 **관** 습관 **습**

익숙한 습관

어떤 사회에서 오랫동안 내려오는 질서나 풍습을 말해요. 새해에 떡국을 먹는 것도 우리나라의 관습 중 하나랍니다. 일반적으로 관습은 사회 구성원들이 유대감을 느끼게 해 주고, 주변 환경에 적응하는 데 도움을 줘요.

예문 나라마다 **관습**이 달라서 다른 나라를 여행할 때 주의해야 해요.

습관이 개인적이라면 관습은 사회적이에요.

5월

3일

과학

대류

對 流

대할 대 흐를 류

액체나 기체의 열의 전달

액체나 기체에서 물질이 이동하면서 열이 전달되는 현상이에요. 액체나 기체가 따뜻해지면 가벼워져서 위로 올라가고, 차가워지면 무거워져서 아래로 내려가요. 이러한 움직임이 계속되면서 열이 전체에 골고루 퍼지게 된답니다.

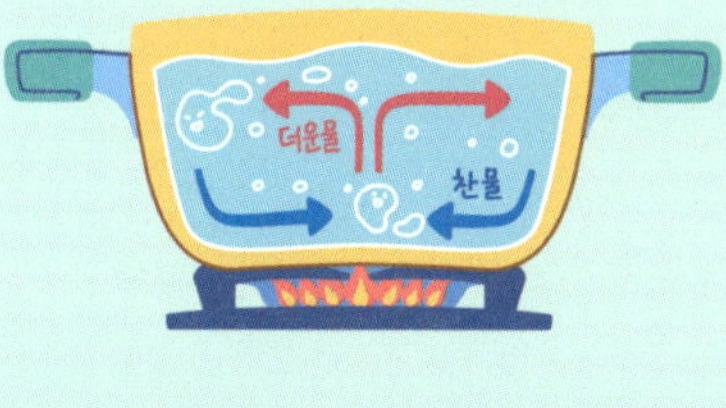

예문 **대류** 현상을 이용하여 에어컨은 위쪽에 설치해요.

8월 26일

사회

복지

福 祉

복 복 복 지

행복한 삶

복지란, 행복한 생활을 누릴 수 있는 상태를 말해요. 우리나라는 국민의 인간다운 삶을 위해 사회 보험, 공공 부조, 사회 복지 서비스 같은 사회 보장 제도를 마련해 놓았어요.

사회 보험	국민연금, 건강 보험 등
공공 부조	의료 급여, 국민 기초 생활 보장 제도 등
사회 복지 서비스	장애인 복지, 아동 복지 등

예문 우리 동네에는 양로원, 지역 아동 센터 같은 복지 시설이 있어요.

학교에서 무료로 급식을 주는 것도 아동 복지 중 하나예요.

5월

4일

사회

위도

緯 度

가로 위 도수 도

**적도를 중심으로
남북의 위치를 나타내는 좌표**

위도를 보면 적도를 기준으로 북쪽이나 남쪽으로 얼마나 떨어져 있는지 알 수 있어요. 북반구의 위도는 '북위', 남반구의 위도는 '남위'라고 해요. 또 위도는 0°~90°까지 구분하는데, 0°~30°는 '저위도', 30°~60°는 '중위도', 60°~90°는 '고위도'라고 해요.

예문 우리나라의 **위도**는 약 북위 33°에서 43° 사이에 있어요.

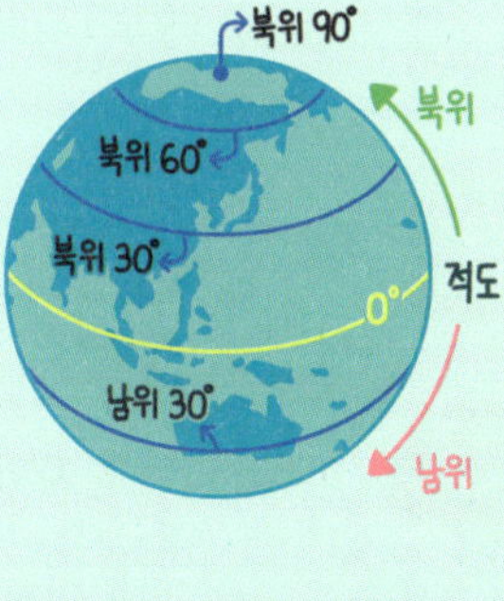

8월

25일

과학

자외선

紫 外 線

자줏빛 **자** 바깥 **외** 줄 **선**

빛의 스펙트럼에서
가시광선의 보라색 바깥쪽에 있는 빛

파장이 가시광선보다 짧고, 눈에 보이지 않는 빛이에요. 박테리아나 바이러스를 죽이는 살균 작용을 하고, 우리 몸에 필요한 비타민 D를 만드는 역할을 해요.

예문 오존층은 태양의 유해 **자외선**을 흡수해 사람과 생물을 보호해 줘요.

관련 어휘 **오존층:** 땅 표면에서 높이 20~25km 부근에 오존이 밀집된 부분

피부가 타는 건 자외선으로 인해 피부가 화상을 입은 거래요.

5월

5일

국어

감상문

感 想 文

느낄 감　생각할 상　글월 문

느끼고 생각한 것을 쓴 글

책, 영화, 음악 등 어떤 작품을 감상한 다음 자신의 느낀 점이나 생각을 쓴 글이에요. 종류는 독후감, 영화 감상문, 음악 감상문 등 다양해요.

예문 방학 숙제로 영화 **감상문**을 써 오세요.

관련 어휘 **독후감:** 책을 읽은 후 느낌을 적은 글

최근에 읽었던 책의 주인공에게 편지를 써 보세요.
독후감으로 딱이죠?

8월 **24**일 국어

갈래

하나에서 둘 이상으로
갈라져 나간 낱낱의 가닥

문학에서는 성격이 비슷한 작품들을 묶어 구분할 때 쓰는 용어예요. 문학은 크게 운문과 산문으로 나뉘어요. 또 운문은 시와 시조로, 산문은 소설과 희곡, 수필로 세분화하기도 해요.

예문 소설은 내용에 따라 판타지, 추리 등 여러 **갈래**로 나눌 수 있어요.

관련 어휘 **장르:** 문학과 예술을 내용이나 특징에 따라 나눈 종류

여러분은 어떤 갈래의 문학을 제일 좋아하나요?

5월

6일

과학

발굴

發 掘

드러낼 **발** 팔 **굴**

땅속에 묻혀 있는 것을 찾아서 파냄

주로 고고학자나 과학자들이 옛날의 흔적을 찾기 위해 발굴해요. 땅속을 발굴하다 보면 화석이나 유물을 발견할 수 있거든요. 이처럼 발굴은 지구에 남겨진 비밀스러운 과거를 찾는 일이에요.

예문 많은 사람이 힘을 합쳐 오래된 도시의 유물을 **발굴**했어요.

관련 어휘

고고학자: 유물과 유적으로 인류의 과거를 연구하는 사람

화석: 옛날에 살았던 생물의 흔적이 지층에 새겨진 것

경주에 있는 무덤을 발굴하다가 금관을 발견한 적이 있대요.

8월 23일

사회

국제기구

國 際 機 構

나라 국 사이 제 틀 기 맺을 구

두 나라 이상이 참여하는 국제 조직

국제기구는 국제적인 목적이나 활동을 위해 두 나라 이상의 회원국이 모인 조직체예요. 현재 많은 나라들은 교류를 통해 서로 영향을 주고받고 있고, 지구 온난화, 전쟁 같은 문제들은 한 나라만의 노력으로 해결할 수 없어서 다양한 국제기구가 탄생하게 되었어요.

예문 **국제기구**인 유니세프는 힘든 상황에 있는 어린이들을 도와줘요.

관련 어휘

국제 연합(UN): 세계 평화와 안전 보장을 위해 만든 국제기구

국제 통화 기금(IMF): 세계 경제 발전을 위해 만든 국제기구

세계 보건 기구(WHO): 세계 보건 문제 해결을 위해 만든 국제기구

5월

7일

사회

경도

經 度

세로 경　도수 도

본초 자오선을 중심으로
동서의 위치를 나타내는 좌표

영국에는 그리니치 천문대가 있어요. 이곳을 지나가는 선을 '본초 자오선'이라고 해요. 이 선을 기준으로 하여 지구를 동쪽과 서쪽으로 나눈답니다. 이때 본초 자오선보다 동쪽에 있으면 '동경', 서쪽에 있으면 '서경'이라고 해요. 그리고 경도는 0°~180°까지 구분해요.

예문

우리나라의 **경도**는 약 동경 124°에서 132° 사이에 있어요.

8월 **22일** **과학**

떡잎

씨앗에서 싹이 트면서 처음으로 나오는 잎

떡잎은 씨앗이 자라 처음 나오는 잎으로, 양분을 저장하고 있어요. 강낭콩, 봉선화처럼 떡잎이 두 장 나는 식물을 '쌍떡잎식물'이라고 하고, 벼나 옥수수처럼 떡잎이 한 장인 식물을 '외떡잎식물'이라고 해요.

예문 봉선화 씨앗을 심고 사흘째 되던 날, **떡잎**이 자랐어요.

관련 어휘 **본잎**: 떡잎 뒤에 자라는 보통의 잎

'될성부른 나무는 떡잎부터 안다'라는 속담이 있어요.
큰 인물이 될 사람은 어린 시절부터 남다르다는 뜻이에요.

5월

8일

과학

용액

溶 液

흐를 **용** 진 **액**

두 가지 이상의 물질이 혼합된 액체

용액은 두 가지 이상의 물질이 고르게 섞인 혼합물이에요. 소금을 물에 녹인 소금물도 용액이랍니다. 이때 소금은 눈에 보이지 않지만, 매우 작게 변해서 물속에 골고루 섞여 있어요.

예문 물과 세제를 섞어서 비눗방울 **용액**을 만들었어요.

관련 어휘

용질: 소금처럼 녹는 물질

용매: 물처럼 녹이는 물질

8월 21일

수학

올림

구하려는 자리의 아래 숫자를
올려서 어림하는 것

구하려는 자리 아래에 0이 아닌 숫자가 있을 때, 구하려는 자리의 숫자에 1을 더하고 그보다 아랫자리는 모두 버리는 방법이에요. 70613을 어림셈으로 계산해 보면 아래와 같아요.

어림셈	십의 자리까지	백의 자리까지	천의 자리까지	만의 자리까지
올림	70620	70700	71000	80000
버림	70610	70600	70000	70000

예문 80520을 백의 자리까지 **올림**하면 80600이에요.

관련 어휘 **버림**: 구하려고 하는 자리 미만의 수를 버려서 나타내는 방법

5월

9일

사회

발해

渤 海

바다 이름 **발** 바다 **해**

대조영이 세운 나라

698년에 대조영이 고구려 유민과 말갈족을 모아 동모산에 도읍하여 세운 나라예요. 선왕 때는 고구려와 부여의 영토를 거의 되찾아 '해동성국'이라 불리며 전성기를 누렸어요. 이 시기는 북쪽에 발해, 남쪽에 통일 신라가 있어서 '남북국 시대'라고 부르기도 해요.

예문 **발해**는 당나라, 일본과 무역을 활발히 했어요.

관련 어휘 **해동성국**: 바다 동쪽의 번성한 나라

8월

20일

체육

체력

體 力

몸 체 힘 력

몸의 힘

몸을 움직일 수 있게 하는 힘이에요. 사람이 살아가는 데 필요한 기초적인 신체 능력에는 근력, 근지구력, 심폐 지구력, 유연성 등이 있어요. 체력을 키우기 위해서는 자기한테 맞는 운동을 규칙적으로 꾸준히 하는 게 좋아요.

근력	근육이 한 번 움직일 때 낼 수 있는 힘
근지구력	오랫동안 계속되는 운동에도 근육이 견딜 수 있는 힘
심폐 지구력	오랫동안 계속되는 운동에도 심장과 폐가 견딜 수 있는 힘
유연성	몸의 근육과 관절을 부드럽게 움직일 수 있는 능력

예문 체육 시간에 다 같이 기초 **체력** 테스트를 했어요.

5월

10일

수학

원

圓

둥글 **원**

동그라미

일정한 점에서 같은 거리에 있는 점들의 집합을 말해요. 우리가 흔히 알고 있는 동그라미예요.

예문 컴퍼스를 이용하면 **원**을 쉽게 그릴 수 있어요.

관련 어휘

지름: 원의 중심을 지나는 선분

원주: 원의 둘레

원주율: 원주를 지름으로 나눈 비 (약 3.14)

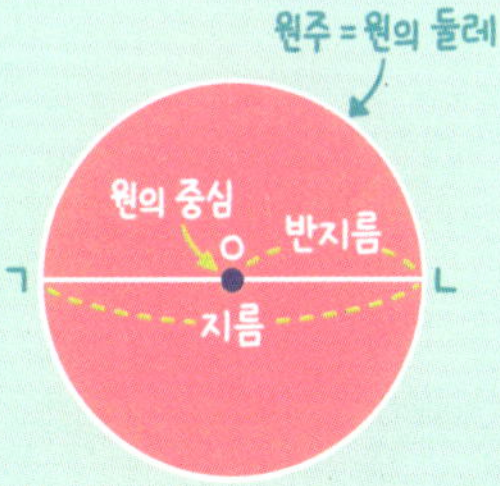

8월

19일

과학

혜성

彗 星

꼬리별 **혜** 별 **성**

꼬리 달린 별

혜성은 얼음과 먼지로 이루어진 천체로, 태양에 가까워지면 긴 꼬리가 생겨요. 태양의 높은 열과 압력 때문에 먼지와 가스 성분이 태양 반대쪽으로 날리면서 꼬리가 만들어지는 거예요.

예문 옛날에는 **혜성**을 하늘의 신호라고 여기며 왕이나 나라의 일과 연관 지어 생각했어요.

5월

11일

사회

산업

產 業

생산할 **산** 일 **업**

생산하는 일

사람이 살아가는 데 필요한 물건이나 서비스를 생산하는 활동이에요. 산업은 1차 산업, 2차 산업, 3차 산업으로 나뉘어요.

1차 산업	2차 산업	3차 산업
		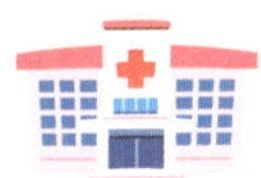
자연에서 직접 생산물을 얻음	자연에서 얻은 재료로 새로운 생산물을 만듦	사람들의 생활을 편리하게 도와줌

예문 지역마다 발달한 **산업**이 다른 이유는 자연환경이 다르기 때문이에요.

8월

18일

사회

의병

義 兵

옳을 의　　군사 병

의를 위하여 일어난 군사

의병은 백성들이 나라를 구하기 위해 스스로 만든 군대예요. 임진왜란으로 나라가 위험해졌을 때 양반부터 천민, 승려까지 다양한 신분의 사람들이 전국에서 의병을 일으켰어요.

예문 의병들은 나라를 사랑하는 마음으로 적들에 맞서 싸웠어요.

관련 어휘
의: 사람으로서 지키고 행하여야 할 바른 도리
관군: 옛날에 국가에 소속되어 있던 정규 군대

대한 제국 시절에도 의병들이 나라를 지키려고 힘썼어요.

5월

12일

미술

명암

明 暗

밝을 **명** 어두울 **암**

빛에 따른 밝고 어두움

한 사물에 햇빛이 비친다고 상상해 볼까요? 햇빛이 비치는 곳은 밝고, 비치지 않는 곳은 어두울 거예요. 이처럼 명암은 빛의 방향과 거리에 따라 나타나는 사물의 밝고 어두움을 말해요. 그림에서 명암이 잘 표현되면 눈으로 보기만 해도 입체감이 느껴져요.

예문 인물 스케치를 할 때는 **명암**이 중요해요.

관련 어휘 **양감**: 물체의 부피나 무게가 느껴지는 것

그림에서 그림자를 표현해 보세요. 그러면 명암이 잘 느껴져요!

8월

17일

국어

버릇

자꾸 반복하여
몸에 익어 버린 행동

나도 모르게 습관적으로 하는 행동을 뜻해요. '세 살 적 버릇이 여든까지 간다'라는 속담처럼 어떤 행동을 반복하다 보면 점점 몸에 익어 고치기 힘든 버릇이 돼요. 한편 버릇은 윗사람에게 지켜야 할 예의라는 뜻도 있어요.

예문 민우는 틈만 나면 손가락을 깨무는 **버릇**이 있어요.

관련 어휘 **습관**: 오랫동안 되풀이하여 몸에 익은 행동

5월

13일

국어

배경

背 景

뒤 **배** 경치 **경**

뒤쪽의 경치

일반적으로 배경은 뒤쪽의 경치를 뜻하지만, 문학 작품에서는 사건이 일어나는 시간과 장소를 말해요. 사건이 일어난 시간을 '시간적 배경', 사건이 일어난 장소를 '공간적 배경', 사건이 일어난 사회 분위기를 '사회적 배경'이라고 해요.

예문 그 이야기는 조선 시대를 **배경**으로 만들어졌어요.

관련 어휘

사건: 이야기에서 펼쳐지는 일

인물: 이야기에서 어떤 역할을 맡은 사람

8월

16일

과학

호흡

呼 吸

숨 내쉴 **호** 숨 들이쉴 **흡**

숨을 내쉬고 들이마심

숨을 들이마시고 내쉬는 활동을 말해요. 우리가 숨을 들이마시면 '코→기관→기관지→폐'를 거쳐 몸 안으로 산소가 들어오고, 반대로 숨을 내쉬면 '폐→기관지→기관→코'를 거쳐 몸 밖으로 공기가 빠져나가요.

예문 **호흡**을 통해 들어온 산소는 우리가 살아가는 데 꼭 필요해요.

5월 14일 수학

혼합 계산

混 合 計 算

섞을 **혼** 합할 **합** 셀 **계** 셈 **산**

여러 부호가 섞여 있는 계산

혼합 계산 식에는 덧셈, 뺄셈, 곱셈, 나눗셈, 괄호 등 여러 부호가 섞여 있어요. 이때 계산 순서가 정말 중요해요.

$84 \div 2 - (1+4) \times 6$

① $(1+4)$ ② $84 \div 2$ ③ $\times 6$ ④ $-$

1) 괄호 안을 가장 먼저 계산해요.
2) 곱셈과 나눗셈을 차례대로 계산해요.
3) 마지막으로 덧셈과 뺄셈을 계산해요.

예문 **혼합 계산**을 할 때는 실수하지 않도록 집중해야 해요.

$6 \times 4 \div (9-5)$의 정답은 무엇일까요? 바로 6이에요.

8월

15일

미술

수묵화

水 墨 畵

물 수 먹 묵 그림 화

먹으로 그린 그림

색을 칠하지 않고 먹물로만 그리는 전통 회화예요. 수묵화에서는 선과 여백의 아름다움이 도드라져요. 화선지 위에 먹의 짙고 옅음, 번짐을 통해 표현하기 때문에 붓의 움직임이 중요하답니다.

예문 **수묵화**에서는 여백의 미가 잘 나타나요.

관련 어휘 **여백:** 종이에 글씨를 쓰거나 그림을 그리고 남은 빈 자리

옛날 풍경이 그려진 수묵화를 보면 담백한 느낌이 들어요.

5월

15일

사회

삼권 분립

三 權 分 立

셋 삼 권력 권 나눌 분 설 립

국가 권력을 셋으로 나눈 것

우리나라는 국가의 권력을 입법부(국회)·사법부(법원)·행정부(정부)에게 나누어 균형을 이루도록 하고 있어요. 만약 권력이 한 곳에 집중되면 권력을 마구 사용하여 나라가 위태로워질 수 있거든요. 그래서 세 기관이 국가의 일을 나누어 맡으면서 서로 감시하고 견제하는 거예요.

예문 삼권 분립은 독재를 막기 위한 장치예요.

관련 어휘 **권력**: 다스리고 복종시킬 수 있는 힘

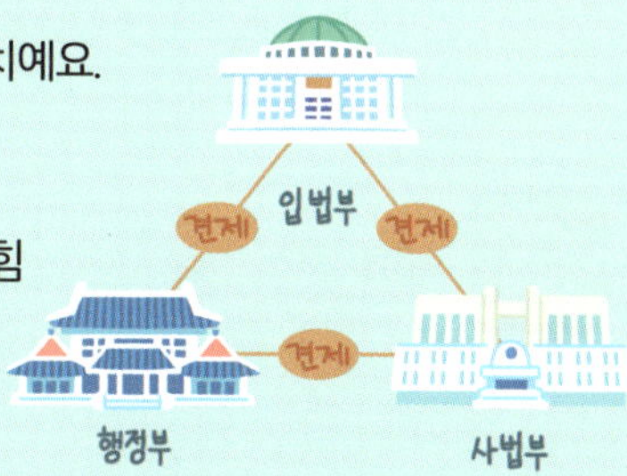

8월 14일

사회

임진왜란

壬	辰	倭	亂
아홉째 천간 **임**	다섯째 지지 **진**	왜나라 **왜**	어지러울 **란**

임진년에 일본이 우리나라를 침입하여 일으킨 난리

임진년인 1592년에 일본이 조선을 침략했어요. 그때부터 1598년까지 7년 동안 전쟁이 이어졌답니다. 이 전쟁이 바로 임진왜란이에요. 처음에는 일본군이 우세했지만, 이순신과 권율, 김시민 장군이 이끄는 조선군과 전국에서 일어난 의병의 활약으로 전세가 역전되었어요.

예문 이순신 장군은 거북선을 만들어 **임진왜란**에서 큰 활약을 했어요.

관련 어휘 **대첩**: 크게 이김

5월

16일

과학

행성

行 星

다닐 **행** 별 **성**

떠돌아다니는 별

행성은 스스로 빛을 내지 못하며 항성 주위를 둥글게 돌아요. 계속 떠돌아다닌다고 해서 '떠돌이별'이라고도 불러요. 태양계에는 수성, 금성, 지구, 화성, 목성, 토성, 천왕성, 해왕성의 여덟 행성이 있어요.

예문 태양계의 여덟 **행성** 중 크기가 가장 큰 것은 목성이에요.

관련 어휘 **소행성:** 행성처럼 태양 주위를 돌지만, 크기가 작은 천체

태양계의 행성들은 태양 빛을 반사해서 반짝여요.

8월

13일

국어

서평

書 評

글 서 평할 평

책 내용에 대한 평

서평은 책의 내용을 보고 평가하여 쓴 글이에요. 책에 대한 정보와 특징, 독자의 평가가 담겨 있어요. 그래서 우리는 책을 고를 때 다른 사람들이 남긴 서평을 읽고 도움을 받을 수 있어요.

예문 친구의 **서평**을 읽었더니, 그 책이 너무 궁금해졌어요.

친구들에게 추천하고 싶은 책이 있다면 한번 서평을 써 보세요!

5월

17일

수학

단위

單 位

홑 단 자리 위

기준 수치

길이, 무게, 부피, 시간, 들이 등 수량을 수치로 나타낼 때 사용하는 기준이에요. 옛날에는 나라마다 다른 단위를 사용했지만, 지금은 국제적인 도량형 단위 체계를 사용하여 전 세계적으로 측정 단위를 통일하고 있어요.

예문 되, 말, 축, 톳은 우리나라에서만 쓰는 **단위**예요.

관련 어휘

들이: 통이나 그릇에 담을 수 있는 공간의 크기

도량형: 길이, 무게, 부피 등의 단위를 재는 법

축은 오징어, 톳은 김을 셀 때 사용하는 단위예요.

8월 12일

사회

행정 구역

行 政 區 域

다니 행 정치 정 나눌 구 경계 역

행정 기관의 권한이 미치는 지역

행정 구역은 나라를 편리하게 관리하기 위해서 땅을 나누어 놓은 거예요.

우리나라의 행정 구역	**특별시:** 서울 **광역시:** 부산, 대구, 인천, 광주, 대전, 울산 **특별자치시:** 세종시	**도:** 경기도, 충청북도, 충청남도, 전라남도, 경상북도, 경상남도 **특별자치도:** 제주도, 강원도, 전라북도

예문 서울특별시는 우리나라의 유일한 특별시 행정 구역이에요.

관련 어휘

행정: 나라나 지역을 관리하고, 사람들이 잘 살 수 있게 필요한 일을 함

광역시: 특별시에 버금갈 정도로 넓은 행정 구역을 가진 도시

5월

18일

국어

운율

韻 律

운 운　　가락 율

말의 가락

운율은 시를 읽을 때 느껴지는 말의 가락이에요. 같은 단어가 반복되거나 글자 수가 비슷하게 맞춰진 시를 읽다 보면 노래하는 느낌이 들 때가 있었죠? 이처럼 운율은 시를 리듬감 있게 만들어 줘요.

예문 이 동시는 운율이 좋아서 기억에 쏙쏙 남아요.

8월 11일 수학

어림셈

짐작으로 계산함

계산 문제에서 답을 짐작하여 정확한 값에 가까운 값을 구하는 연산 방법이에요. 자릿수가 많은 수를 계산할 때, 어림수를 써서 계산하면 훨씬 쉽게 대략적인 값을 구할 수 있어요.

실제 계산	어림셈
316 × 997 = 315052	300 × 1000 = 300000

예문 마트에서 과자 5개를 고르고, **어림셈**으로 얼마인지 생각해 봤어요.

관련 어휘 **어림수**: 짐작으로 잡은 수

5월

19일

과학

기관

器 官

기관 **기** 담당할 **관**

특정 기능을 담당하는 신체의 한 부분

우리 몸에는 운동 기관, 호흡 기관, 소화 기관, 순환 기관, 배설 기관, 감각 기관이 있어요. 대표적으로 뼈를 움직이게 하는 '근육', 호흡을 담당하는 '폐', 음식을 소화시키는 '위', 혈액을 순환시키는 '심장', 몸속 노폐물을 소변으로 내보내는 '신장', 소리를 듣게 해 주는 '귀' 등이 있답니다.

예문 꽃은 식물의 생식 **기관**으로, 새로운 자손을 만드는 역할을 해요.

관련 어휘 **장기:** 내장의 여러 기관

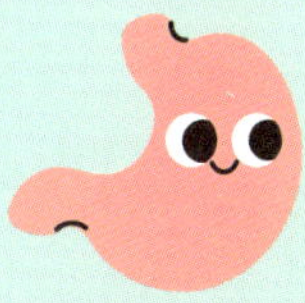

8월

10일

음악

대취타

大 吹 打

큰 대 　 불 취 　 칠 타

불고 치는 대규모 음악

왕의 행차나 군대의 행진 등 나라의 중요한 행사가 있을 때 사용하던 음악으로, 매우 장엄하고 기운찬 느낌이 들어요. 대취타는 '태평소, 나발, 나각'과 같은 관악기와 '징, 용고, 장구'와 같은 타악기로 구성되어 있어요.

예문 태평소는 **대취타**에서 사용하는 유일한 가락 악기예요.

5월

20일

국어

관용어

慣 用 語

버릇 **관** 쓸 **용** 말씀 **어**

습관적으로 쓰는 말

관용어는 습관적으로 쓰는 말, 또는 둘 이상의 단어가 모여 새로운 의미로 굳어진 말이에요. 매우 어려운 일을 뜻하는 '하늘의 별 따기'처럼요. 관용어를 사용하면 짧은 말로 생각과 감정을 효과적으로 나타낼 수 있어요.

예문 '손에 땀을 쥐다'는 많이 긴장한 상황에서 쓰는 **관용어**예요.

관용어를 쓰면 말을 더 풍부하고 재미있게 할 수 있어요.
여러분이 자주 쓰는 관용 표현에는 어떤 게 있나요?

8월

9일

수학

정육면체

正 六 面 體

바를 정 여섯 육 평면 면 몸 체

정사각형 여섯 개로 둘러싸인 도형

정육면체는 정사각형 모양의 면 6개가 모인 입체 도형이에요. 모서리는 12개, 꼭짓점은 8개 있답니다.

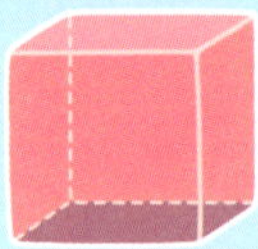

정육면체

직육면체

예문 주사위는 **정육면체** 모양을 하고 있어요.

관련 어휘 **직육면체:** 직사각형 여섯 개로 둘러싸인 도형

5월

21일

사회

대중문화

大 衆 文 化

큰 **대** 무리 **중** 글월 **문** 될 **화**

많은 사람이 즐기는 문화

노래, 영화, 드라마, 만화, 게임 등 대중이 즐기는 문화를 말해요. 보통 인터넷, TV 같은 대중 매체를 통해 만들어지고 널리 퍼져요. 대중문화는 재미와 즐거움을 주는 동시에 공통된 관심사를 가진 사람들을 연결해 줘요.

예문 요즘 **대중문화**는 SNS를 통해 확산되고 있어요.

8월

8일

사회

운하

運 河

옮길 운 물 하

배가 다닐 수 있게 만든 물길

배로 물건을 실어 나르기 위해 만든 인공 수로예요. 인류는 옛날부터 운하를 만들어 사용했어요. 비행기가 발명되기 전에는 바닷길을 이용하여 큰 물건을 옮길 수밖에 없었거든요.

예문 수에즈 운하, 파나마 운하, 코린트 운하를 세계 3대 운하라고 해요.

5월

22일

과학

관성

慣 性

익숙할 **관** 성질 **성**

익숙한 상태를 유지하려는 성질

관성은 물체가 원래의 운동 상태를 그대로 유지하려는 성질이에요. 정지해 있는 물체는 계속 멈춰 있으려 하고, 움직이고 있는 물체는 계속 움직이려고 해요. 버스를 타고 가다가 갑자기 버스가 멈췄을 때, 몸이 앞으로 쏠리는 이유도 관성 때문이랍니다.

예문 물체의 질량이 클수록 **관성**의 크기가 커져요.

관련 어휘 **질량**: 어떤 물질의 고유한 양

8월

7일

국어

토론

討 論

칠 **토** 말할 **론**

공격하며 논의함

어떤 문제에 대해 각자의 의견을 말하며 논의하는 방법이에요. 토론 절차는 '주장 펼치기→반론하기→주장 다지기→정리하기' 순으로 이루어져요. 토의와 달리, 어떤 주제에 대해 찬성과 반대로 나뉘는 게 특징이에요.

예문 이번 **토론**의 주제는 '학교에 스마트폰을 가지고 가도 될까?'입니다.

관련 어휘

반론: 다른 사람 의견에 반박하거나 되받아 논의하는 것

토의: 어떤 문제에 대해 여러 사람이 협력하여 검토하고 의논함

5월 23일

사회

고려

高 麗

높을 고 고울 려

왕건이 세운 나라

918년에 왕건이 후삼국을 통일하여 세운 나라예요. 고려 시대에는 세계 최초의 금속활자본인 '직지심체요절', 중국에서 인기가 많았던 '고려청자', 부처의 힘으로 나라를 구하려고 만든 '팔만대장경' 등 우수한 문화가 꽃을 피웠어요. 그리고 아라비아 상인도 고려의 '벽란도'에 와서 교류할 정도로 무역이 활발했답니다.

예문 **고려**는 고구려의 뒤를 이었다는 뜻으로 나라 이름을 지었어요.

관련 어휘 **고려청자**: 고려 시대에 만들어진 푸른빛의 자기

8월

6일

과학

도체

導 體

통할 **도** 물질 **체**

전기가 통하는 물질

철, 구리 등 금속 물질로 되어 있는 도체는 전기가 필요한 곳에 전류를 흘려줘요. 반대로 전기가 통하지 않는 나무, 플라스틱, 고무 등의 물질로 되어 있는 부도체는 전기가 흐르면 안 되는 곳에 전류를 막아 줘요. 그래서 전기 회로에 도체를 연결하면 전구에 불이 켜지고, 부도체를 연결하면 전구에 불이 켜지지 않아요.

예문 금속은 **도체**라서 전기 제품에 많이 쓰여요.

관련 어휘 **전기 회로:** 전구, 전선, 전지, 스위치 등을 연결해 전류가 흐를 수 있게 만든 통로

5월

24일

수학

이상

以 上

써 이 위 상

어떤 수보다 크거나 같음

이상은 기준이 되는 수를 포함하면서 그 수보다 큰 수를 나타내는 범위예요.

Q: 위 수직선에서 5 이상인 수는?

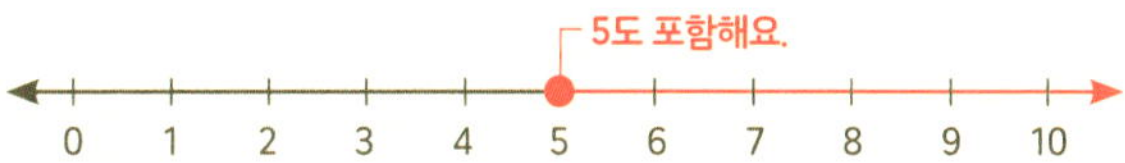

예문 이 롤러코스터는 키가 120cm **이상**인 사람만 탈 수 있어요.

관련 어휘 **이하**: 어떤 수보다 작거나 같음

8월

5일

사회

소득

所 得

것 소 얻을 득

경제 활동에 참여하여 얻은 것

사람들이 열심히 일해서 버는 돈을 말해요. 회사에서 일을 하고 받는 '근로 소득', 가게나 회사를 운영해서 벌어들이는 '사업 소득'이 있어요. 그 외에 저축으로 받은 이자나 건물을 빌려주고 받는 월세처럼 재산을 관리해서 버는 '재산 소득'이 있답니다.

예문 옛날과 달리, 오늘날에는 **소득**을 얻는 방법이 다양해요.

소득 덕분에 맛있는 음식을 사 먹고, 예쁜 옷을 살 수 있어요!

5월 25일

음악

교향곡

交 響 曲

서로 교 울릴 향 악곡 곡

관현악 연주를 위한 곡

교향곡은 여러 악기가 함께 연주되는 만큼 다양한 소리로 풍부한 표현을 할 수 있어요. 보통 곡은 4악장으로 이루어지고, 오케스트라가 연주해요. 그리고 대부분 곡의 길이가 긴 편이에요.

예문 베토벤의 「운명 교향곡」은 세계 제3대 **교향곡** 중 하나예요.

관련 어휘 **관현악:** 관악기, 현악기, 타악기로 함께 연주하는 음악

짜자자잔~ 베토벤의 「운명 교향곡」을 한번 들어보세요.

8월

4일

수학

회전체

回 轉 體

돌 **회** 구를 **전** 몸 **체**

회전하여 생기는 입체

한 직선을 축으로 평면 도형을 한 번 회전시켜서 만든 입체 도형이에요. 이때 축으로 사용한 직선을 '회전축'이라고 해요. 회전축이 평면 도형과 붙어 있으면 속이 꽉 찬 회전체가 되고, 떨어져 있으면 속이 비어 있는 회전체가 돼요.

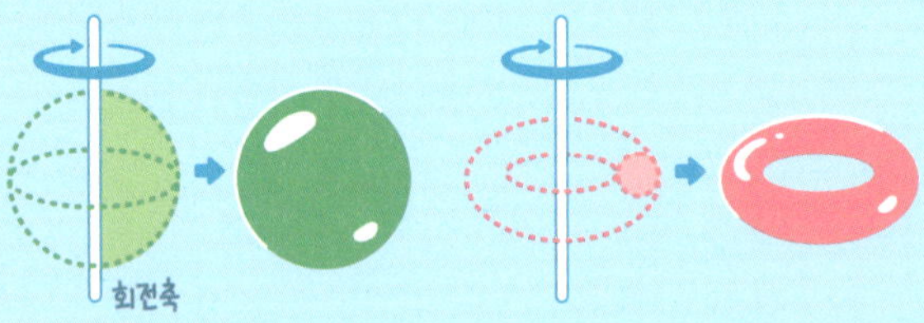

예문 **회전체**를 회전축에 수직인 평면으로 자르면 단면은 항상 원이에요.

5월

26일

사회

정책

政 策

정치 **정** 꾀 **책**

정치적 목적을 이루기 위한 방안

정책은 정부나 지방 자치 단체가 국민이 더 나은 삶을 살 수 있도록 정하는 계획이나 방법이에요. 예를 들어, 어린이를 교통사고로부터 보호하기 위해 어린이 보호 구역을 지정한 것도 정책이라 할 수 있어요. 정책에는 복지 정책, 교육 정책, 외교 정책 등 다양한 것들이 있답니다.

예문 저는 커서 환경과 동물을 보호하는 **정책**을 만들고 싶어요.

관련 어휘 **지방 자치 단체:** 지역 주민들이 뽑은 대표들이 지역 주민들을 위해 지역의 살림살이를 꾸려 나가는 곳

8월

3일

사회

삼강오륜

三 綱 五 倫

셋 삼 　 벼리 강 　 다섯 오 　 인륜 륜

유교에서 기본이 되는
세 가지 강령과 다섯 가지 도리

조선 시대에는 삼강오륜을 바탕으로 하는 사회를 만들려고 했어요.

삼강	① 임금과 신하 사이에 지켜야 할 도리가 있다. ② 부모와 자식 사이에 지켜야 할 도리가 있다. ③ 부부 사이에 지켜야 할 도리가 있다.
오륜	① 임금과 신하 사이에 의리가 있어야 한다. ② 부모와 자식 사이에 사랑이 있어야 한다. ③ 남편과 아내 사이에 구별이 있어야 한다. ④ 어른과 아이 사이에 순서가 있어야 한다. ⑤ 친구 사이에 믿음이 있어야 한다.

예문 　 삼강오륜은 유교의 가르침 중에서 가장 중요하게 생각했던 것이에요.

5월

27일

과학

액화

液 化

액체 **액** 될 **화**

기체가 액체로 변하는 현상

기체가 차가워지면 액체로 변해요. 여름날, 차가운 물이 담긴 컵에 물방울이 맺히는 걸 본 적 있나요? 둥둥 떠다니던 공기가 상대적으로 차가운 컵을 만나서 차가워지고 액체로 변한 거예요. 반대로 액체가 기체로 변하는 현상은 '기화'라고 해요. 물이 끓어서 수증기가 되는 게 바로 대표적인 예시예요. 물이 뜨거워져서 기체가 되어 날아간 거랍니다.

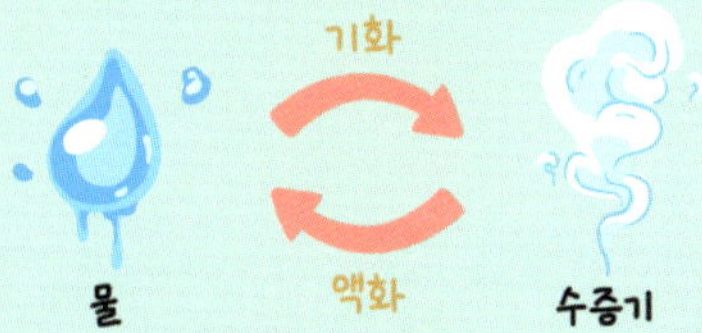

예문 **액화**천연가스는 천연가스를 아주 차갑게 식혀서 액체로 만든 거예요.

8월 2일 과학

탈바꿈

원래의 모양이나 형태를 바꿈

보통 곤충은 자라면서 모양이나 형태를 바꾸어요. 곤충의 한살이가 번데기 단계를 거치면 '완전 탈바꿈', 번데기 단계를 거치지 않고 바로 어른벌레가 되면 '불완전 탈바꿈'이라고 해요.

예문 나비는 완전 **탈바꿈**을 하는 곤충이에요.

관련 어휘

탈피: 파충류와 곤충이 자라면서 허물이나 껍질을 벗음

성충: 다 자란 곤충

대표적인 불완전 탈바꿈 곤충으로는 잠자리가 있어요.

5월

28일

사회

독도

獨 島

홀로 독 섬 도

우리나라 동쪽 끝에 있는 섬

독도는 경상북도 울릉군에 속하는 화산섬이에요. 큰 섬인 동도와 서도, 그 근처의 작은 섬들로 이루어져 있어요. 독도 주변에는 플랑크톤이 풍부해 다양한 해양 생물이 살기 좋아요. 또 바다 밑에는 미래의 새로운 에너지원으로 주목받은 가스 하이드레이트가 묻혀 있어요. 독도는 섬 전체가 천연기념물로 지정된 소중한 우리나라 땅이랍니다.

예문 독도의 자연은 정말 아름답고 자랑스러워요.

관련 어휘 **영유권:** 일정 지역을 해당 국가가 다스릴 수 있는 권한

8월

1일

국어

근거

根 據

뿌리 근 증거 거

뿌리가 되는 증거

어떤 의견이나 주장이 옳음을 뒷받침하는 까닭이에요. 다른 사람에게 내 의견을 말할 때는 반드시 타당한 근거를 함께 제시해야 해요. 그래야 설득력이 있거든요. 이때 '왜냐하면 ~ 때문이다'와 같은 말을 사용하여 근거를 나타낼 수 있어요.

예문 토론할 때 주장에 대한 **근거**로 과학자의 연구 결과를 제시했어요.

'근거'와 뜻이 비슷한 단어로 '이유'와 '까닭'도 있어요.

5월

29일

국어

명사

名 詞

이름 **명** 말 **사**

대상의 이름을 나타내는 단어

사람이나 사물 등 대상의 이름을 나타내는 단어를 명사라고 해요. 그중에서 이순신, 대한민국처럼 특정한 사람이나 사물에 쓰이는 이름은 '고유 명사', 엄마나 책상처럼 두루 쓸 수 있는 이름은 '보통 명사'라고 불러요.

예문 '사랑, 기쁨, 슬픔'처럼 눈에 보이지 않는 단어는 '추상 **명사**'라고 해요.

관련 어휘 **동사:** 사람이나 사물의 움직임을 나타내는 말

우리 이름은 각각 다 고유 명사예요!

7월

31일

과학

구름

하늘에 떠다니는
물방울과 얼음 알갱이

작은 물방울이나 얼음 알갱이가 모여 높은 하늘에 떠 있는 것을 말해요.

〈구름이 만들어지는 과정〉

① 더운 공기의 영향으로 물이 증발하여 수증기가 돼요.
② 위로 올라간 수증기는 기온이 낮아지면서 작은 물방울이 돼요.
③ 작은 물방울들이 합쳐져 구름이 돼요.

예문 **구름** 한 점 없는 파란 하늘이 눈부시게 빛났다.

관련 어휘 **응결:** 수증기가 물방울로 변하는 현상

5월 **30**일

과학

세포

細 胞

가늘 **세** 세포 **포**

생물을 이루는 가장 작은 단위

세포는 생명을 유지하고 번식하는 데 아주 중요한 요소예요. 매우 작아서 현미경으로 관찰해야 눈으로 볼 수 있어요.

동물세포

식물세포

- **핵**: 생명 활동 유지
- **세포막**: 세포 형태 유지, 드나드는 물질 조절
- **미토콘드리아**: 에너지를 만드는 세포의 소기관

(동물: 핵, 세포막, 미토콘드리아)

- **세포벽**: 세포 보호
- **액포**: 노폐물 저장
- **엽록체**: 광합성을 통해 양분을 얻음

(식물: 핵, 세포막, 미토콘드리아, 세포벽, 액포, 엽록체)

예문 모든 생물은 **세포**로 이루어져 있어요.

7월 30일

사회

의무

義 務

옳을 의 힘쓸 무

마땅히 해야 할 일

사람으로서 마땅히 해야 하는 일이에요.

〈우리나라 국민의 5대 의무〉

① 일정 교육을 받아야 하는 **교육의 의무**
② 일을 해야 하는 **근로의 의무**
③ 세금을 내야 하는 **납세의 의무**
④ 나라를 지켜야 하는 **국방의 의무**
⑤ 깨끗한 환경을 위한 **환경 보전의 의무**

예문 민아는 학생회장으로서 맡은 바 **의무**를 다했어요.

관련 어휘 **권리:** 어떤 일을 하거나 누릴 수 있는 힘이나 자격

5월

31일

국어

일화

逸 話

숨을 **일** 이야기 **화**

숨은 이야기

일화는 세상에 널리 알려지지 않은 흥미로운 이야기를 말해요. 주목하지 않았으면 사라질 뻔했던 숨겨진 이야기죠. 재미난 일화는 딱딱한 전기문에서 흥미를 유발하는 역할을 해요.

예문 원효 대사의 해골 물 **일화**는
'모든 것은 마음먹기에 달려 있다.'라는 교훈을 줘요.

관련 어휘 **전기문:** 실제 인물의 일생에 관해 적은 글

재미있는 일화를 알고 있다면 친구에게 소개해 주세요!

7월

29일

과학

세균

細 菌

가늘 **세** 버섯 **균**

아주 작은 균

하나의 세포로 이루어진 가장 작은 미생물이에요. 세균은 죽은 동물이나 식물을 작게 분해하여 자연으로 되돌리는 이로운 역할도 하지만, 사람의 몸속에서 질병을 일으켜 해로움을 주기도 해요.

예문 **세균**은 너무 작아서 우리 눈에 보이지 않아요.

관련 어휘 **유산균:** 당을 발효시켜 젖산을 만드는 균

6월

1일

사회

농산물

農 產 物

농사 농　생산할 산　물건 물

농사지어 얻은 물건

농산물은 쌀, 고구마, 배추, 복숭아, 강낭콩처럼 땅에서 자라는 물건이에요. 농부들이 정성과 사랑을 듬뿍 담아 밭이나 논에서 키워요.

예문 저는 우리나라에서 나는 **농산물**을 무척 좋아해요.

관련 어휘
수산물: 생선, 미역, 김 등 물에서 얻은 물건
축산물: 고기, 우유, 달걀 등 동물을 키워서 얻은 물건

여러분은 채소, 고기, 생선 중에서 무엇을 제일 좋아하나요?

7월

28일

국어

갈등

葛 藤

칡 **갈** 등나무 **등**

서로의 입장이 충돌하는 상태

칡은 왼쪽으로 감아 올라가는 습성이 있고, 등나무는 오른쪽으로 감아 올라가는 습성이 있어서 서로 얽히면 좀처럼 풀 수가 없대요. 칡과 등나무처럼 서로의 생각이나 상황이 달라서 맞부딪치는 것을 갈등이라고 해요.

예문 사소한 오해로 친구와 **갈등**이 생겼어요.

갈등이 생겼을 때는 서로의 이야기를 잘 들어 주고,
상대방의 입장에서도 생각해 봐야 해요.

6월

2일

국어

원인

原 因

근원 **원** 까닭 **인**

일이 일어나게 된 까닭

모든 일의 결과에는 반드시 원인이 존재해요. 즉 원인과 결과는 늘 함께하는 사이인 거죠. 문장에서는 '그래서, 그러므로, 따라서, 왜냐하면, ~ 때문에'라는 말로 원인과 결과를 연결할 수 있어요.

예문 무분별한 에너지 사용이 지구 온난화의 **원인** 중 하나예요.

관련 어휘 **결과:** 어떤 원인으로 생긴 결말

7월

27일

미술

풍경화

風 景 畵

바람 **풍** 경치 **경** 그림 **화**

풍경을 그린 그림

자연의 경치를 그린 그림이에요. 풍경화를 생생하게 그리기 위해서는 앞쪽 사물은 크게, 뒤쪽 사물은 작게 그려야 해요. 그리고 가까이 있는 사물은 선명하게, 멀리 있는 사물은 흐리게 그리는 게 좋아요.

예문 한 폭의 **풍경화**가 마음을 따뜻하게 만들었어요.

관련 어휘 **원근감:** 멀고 가까운 거리의 느낌

6월

3일

과학

굴절

屈 折

굽을 **굴** 꺾을 **절**

휘어서 꺾임

굴절은 빛이 한 물질에서 다른 물질로 나아갈 때 방향이 꺾이는 현상이에요. 물속에 발을 담그면 다리가 짧아 보였죠? 빛이 굴절했기 때문에 그렇게 보이는 거예요. 빛은 공기 중이나 물속에서는 직진하지만, 공기와 물이 만나는 경계면에서는 굴절하거든요.

예문 빛의 **굴절**로 물컵 속의 빨대가 꺾여 보여요.

관련 어휘 **직진**: 곧게 나아감

7월

26일

사회

원산지

原 産 地

근원 **원** 생산할 **산** 땅 **지**

상품이 생산된 지역

원료나 제품이 처음 만들어진 곳이에요. 우리나라는 1991년부터 원산지 표시 제도를 시행했어요. 그 덕분에 값싼 수입 농산물을 국내산으로 속여 파는 행위를 막고, 우리나라 농산물의 품질 경쟁력을 높일 수 있었어요.

예문 물건을 살 때는 **원산지**와 유통 기한을 확인하면 좋아요.

관련 어휘 **유통 기한**: 상품이 시중에 판매될 수 있는 기한

우유처럼 잘 상하는 음식은 유통 기한을 꼭 확인해야 해요!

6월

4일

수학

수형도

樹 形 圖

나무 **수** 모양 **형** 그림 **도**

나뭇가지 모양의 그림

여러 요소의 관계를 나뭇가지 모양의 그림으로 나타낸 것이에요. 주로 경우의 수를 구할 때 사용해요.

Q: 티셔츠 2개, 바지 2개가 있을 때 옷을 입는 경우의 수는?

A: 4가지

예문 숫자 카드 3개로 만들 수 있는 세 자리의 수를 **수형도**로 알아보아요.

7월

25일

과학

탄성

彈 性

튀길 **탄** 성질 **성**

원래대로 되돌아가려는 성질

외부의 힘을 가하면 형태가 바뀌지만, 힘을 제거하면 원래대로 되돌아가려는 성질이에요. 용수철이나 고무는 탄성이 큰 물질이지만, 탄성에도 한계가 있어서 많이 잡아당기면 길게 늘어나거나 뚝 끊어지고 말아요. 이처럼 아무리 탄성이 큰 물질이라도 탄성 한계에 도달하면 원래대로 돌아갈 힘을 잃어버린답니다.

예문 **탄성** 때문에 바닥에 떨어뜨린 고무공이 튀어 올랐어요.

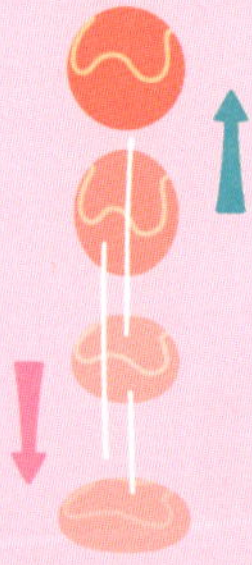

관련 어휘 **용수철**: 철사를 나선 모양으로 감아서 만든 것

6월

5일

국어

화자

話 者

말할 **화** 사람 **자**

이야기를 하는 사람

화자는 말하려는 목적과 주제에 맞게 이야기를 전달해야 해요. 그리고 듣는 사람을 고려해서 말하는 게 좋아요.

예문 책을 읽는 동안 소설 속 **화자**의 감정이 잘 느껴졌어요.

관련 어휘 **청자:** 이야기를 듣는 사람

청자의 흥미와 관심을 끌게끔 말하면 더 좋겠죠?

7월

24일

국어

연극

演 劇

펼 연 연극 극

극본을 바탕으로 하는 무대 예술

배우가 어떤 사건이나 인물을 말과 동작으로 관객에게 보여 주는 예술이에요. 연극은 연기를 하는 사람인 '배우', 연기를 하는 장소인 '무대', 연극을 관람하는 사람인 '관객', 연극의 대본인 '희곡'이 꼭 있어야 해요.

예문 우리는 이번 공개 수업 때 『흥부와 놀부』 **연극**을 하기로 했어요.

관련 어휘

해설: 희곡에서 무대 장치나 인물, 시간, 장소 등을 설명하는 부분

대사: 극에서 인물이 직접 하는 말

지문: 인물의 행동이나 표정, 말투 등을 나타내는 부분

6월

6일

과학

렌즈

lens

빛을 굴절시키는 도구

유리 같은 투명한 물질로 만든 도구로, 빛을 모으거나 퍼지게 해요.

볼록 렌즈	오목 렌즈
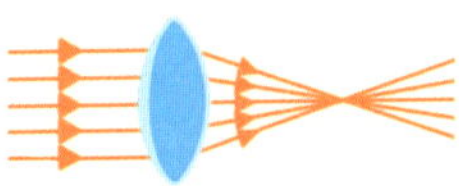	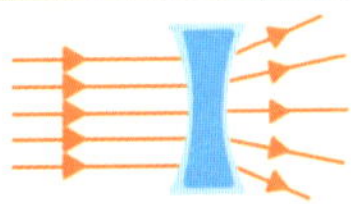
빛이 굴절하여 한 점에서 모임	빛이 굴절하여 퍼져 나감
가까이 있는 물체가 크게 보임	가까이 있는 물체가 작게, 멀리 있는 물체가 또렷하게 보임

예문 빛이 **렌즈**를 지나면 굴절 현상이 일어나 두꺼운 쪽으로 방향이 꺾여요.

7월

23일

사회

자연재해

自 然 災 害

스스로 **자** 그러할 **연** 재앙 **재** 해할 **해**

자연 현상으로 일어난 재난이나 피해

태풍, 홍수, 가뭄, 지진, 화산 폭발 등 피할 수 없는 자연 현상으로 일어나는 재해를 말해요. 기후와 관련해 발생하는 '기상 재해'와 지진 및 화산 활동으로 발생하는 '지질 재해'로 나눌 수 있어요.

예문 일본은 지진이나 쓰나미 같은 **자연재해**가 자주 일어나요.

6월

7일

수학

오전

午 前

낮 오　　앞 전

밤 열두 시부터
낮 열두 시까지의 시간

우리는 24시간을 오전과 오후로 나누어요. 이때 '정오'와 '자정'이 시간을 가르는 기준이 돼요.

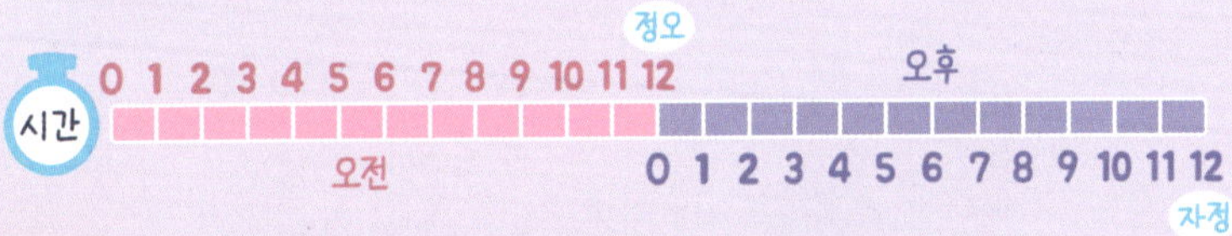

예문 우리 학교의 등교 시간은 **오전** 8시 30분이에요.

관련 어휘

오후: 낮 열두 시부터 밤 열두 시까지의 시간

정오: 낮 열두 시

자정: 밤 열두 시

7월

22일

수학

넓이

평면에서 차지하는
공간의 크기

넓이는 다른 말로 면적이라고도 표현해요. 넓이의 단위는 제곱센티미터(cm^2), 제곱미터(m^2) 등으로 나타내요.

사각형의 넓이 = 가로×세로

Q: 꽃밭의 넓이는?

A: $5m \times 3m = 15m^2$

예문 우리 교실의 **넓이**는 책상 30개가 들어갈 정도예요.

관련 어휘 **높이**: 사물이나 도형의 높고 낮은 정도

6월

8일

국어

묘사

描 寫

그릴 묘　　그릴 사

그림을 그리듯 표현함

국어 시간에 말하는 묘사는 어떤 대상이나 상황을 눈으로 보는 것처럼 생생하게 표현하는 것을 뜻해요. 그림을 그리듯 자세하게 글을 쓰는 거죠. 주로 생김새나 모양, 색깔, 소리, 맛 등 감각으로 느낄 수 있는 것들을 이야기할 때 사용해요.

예문 이 문장은 주인공의 성격을 뛰어나게 **묘사**했어요.

'여름날의 수박'을 자세하게 묘사해 볼까요?

7월

21일

국어

가치관

價 値 觀

값 가 　 값 치 　 볼 관

가치에 대한 관점

가치관은 삶에 큰 영향을 미쳐요. 어떤 행동이나 일을 선택할 때 바탕이 되는 생각이거든요. 그래서 어른들은 아직 가치관이 성립되지 않은 아이들에게 올바른 가치관을 심어 주고자 노력한답니다.

예문 **가치관**은 내가 중요하게 생각하는 게 무엇인지 말해 줘요.

관련 어휘 **가치:** 어떤 선택이나 행동이 바람직한지 아닌지에 대한 판단 기준

여러분은 어떤 가치관을 가지고 있나요?
저는 열심히 노력하면 꿈을 이룰 수 있다고 생각해요!

6월

9일

사회

무신 정변

武 臣 政 變

굳셀 무 신하 신 정치 정 변할 변

무신들이 일으킨 정변

고려 시대 때 문신이 무신보다 지위가 높아 무신을 무시하고 차별했어요. 그러다가 젊은 문신이 나이 많은 무신의 뺨을 때리는 사건이 일어났답니다. 결국 그동안 쌓였던 무신들의 불만이 폭발했고, 무신들은 정변을 일으켜 권력을 차지했어요. 이 사건이 바로 무신정변이에요.

예문 **무신 정변** 이후 100여 년간 무신들이 정권을 잡았어요.

관련 어휘

무신: 무기를 다루며 나라를 지키는 무과 출신의 벼슬아치

문신: 글과 말로 나라를 다스리는 문과 출신의 벼슬아치

7월

20일

사회

유교

儒 敎

유학 유 가르칠 교

유학의 가르침

공자의 가르침을 따르는 종교로, 나라에 대한 충성과 부모에 대한 효를 중요하게 생각했어요. 조선은 유교를 바탕으로 사회 질서를 유지했답니다. 나라의 행사뿐만 아니라 집안의 행사도 유교의 예에 따라 치렀어요.

예문 조선을 세운 태조 이성계는 **유교**를 정치 이념으로 삼았어요.

관련 어휘 **유학**: 유교를 학문적으로 연구하는 것

6월

10일

과학

위성

衛 星

지킬 **위** 별 **성**

행성 주위를 도는 천체

태양계에서 수성과 금성을 제외한 모든 행성이 위성을 가지고 있어요. 지구는 단 1개의 위성을 가지고 있는데, 바로 달이에요.

예문 목성과 토성은 많은 **위성**을 가지고 있는 태양계의 행성이에요.

관련 어휘 **인공위성**: 행성의 주위를 돌도록 로켓을 이용해 쏘아 올린 인공 장치

1992년에 우리나라 최초의 인공위성이 발사되었어요.

7월

19일

과학

밀도

密 度

빽빽할 **밀**　정도 **도**

빽빽한 정도

일정한 크기 안에 어떤 물질이 빽빽하게 들어 있는 정도를 나타내요. 같은 크기의 금덩어리와 나뭇조각을 비교했을 때 무거운 금덩어리의 밀도가 더 높은 것처럼 부피가 같아도 질량에 따라 밀도가 달라져요. 일반적으로 밀도의 크기는 고체>액체>기체 순으로 커요.

예문 같은 액체여도 **밀도**가 낮은 기름이 물 위에 둥둥 떠요.

관련 어휘 **농도:** 한 물질이 다른 물질에 얼마나 녹아 있는지 나타내는 정도

6월

11일

국어

구체적

具 體 的

갖출 구 　 형상 체 　 것 적

뚜렷한 실체를 갖추고 있는 것

사물이 일정한 형태와 성질을 갖추고 있는 것, 또는 자세한 부분까지 담고 있는 것을 뜻해요. '장난감, 설탕'처럼 구체적인 것은 직접 경험하거나 감각을 통해 느낄 수 있지만, '사랑, 우정' 같은 추상적인 것은 직접 볼 수 없어요.

예문 제품 사용 설명서에는 해당 제품에 대한 **구체적**인 내용이 담겨 있어요.

관련 어휘 **추상적**: 뚜렷한 실체 없이 막연한 것

주변에서 구체적인 것과 추상적인 것을 하나씩 찾아볼까요?

7월

18일

사회

공공 기관

公 共 機 關

공중 **공** 함께 **공** 틀 **기** 빗장 **관**

공적인 업무를 수행하는 기관

공공 기관은 주민들이 편리하고 안전하게 살 수 있도록 나라에서 만든 기관이에요. 경찰서, 소방서, 시청, 보건소처럼 모든 사람을 위해 일하는 곳이자, 모든 사람이 함께 이용하는 곳이랍니다.

예문 **공공 기관**이 없으면 일상생활이 불편해질 수 있어요.

관련 어휘 **민원**: 주민이 행정 기관에 원하는 바를 요구하는 일

우리 동네에는 어떤 공공 기관이 있는지 찾아볼까요?

6월

12일

과학

연소

燃 燒

불탈 연 불사를 소

불에 탐

연소란, 물질이 빛과 열을 내면서 불에 타는 현상을 말해요. 연소가 일어나려면 '탈 물질, 발화점 이상의 온도, 산소' 3가지 요소가 다 필요해요.

예문 **연소**할 수 있는 물질이 많은 산에서는 항상 불조심해야 해요.

관련 어휘

발화점: 물질이 불에 타기 시작하는 온도

소화: 불을 끔

불을 끄려면 연소의 3요소 중 한 가지 이상만 없애면 돼요.

7월 **17일** 국어

금세

지금 바로

'바로 지금'이라는 뜻의 '금시'와 조사 '에'가 결합한 '금시에'가 줄어든 말이에요. 일상 대화에서 주로 사용해요.

예문 김치볶음밥이 너무 맛있어서 **금세** 다 먹어 버렸어요.

'금새'로 틀리게 쓰는 경우가 많으니 주의하세요!

6월

13일

체육

올림픽

Olympics

4년마다 열리는
국제 운동 경기 대회

여름에 열리는 하계 올림픽과 겨울에 열리는 동계 올림픽이 있어요. 하계 올림픽은 육상, 양궁, 수영, 탁구 등 다양한 종류의 스포츠 경기가 펼쳐지고, 동계 올림픽은 쇼트트랙, 컬링, 피겨 스케이팅처럼 눈과 얼음에서 할 수 있는 스포츠 경기가 펼쳐져요.

예문 1988년에 서울에서 제24회 하계 **올림픽** 대회가 열렸어요.

관련 어휘 **오륜기:** 올림픽을 상징하는 깃발

7월

16일

과학

북극성

北 極 星

북쪽 북　다다를 극　별 성

북극 가까이에 있는 별

작은곰자리 꼬리 끝에 있으면서 가장 밝게 빛나는 별이에요. 북극성은 항상 북쪽에 있어서 옛날 사람들은 북극성을 보고 길을 찾았어요. 북극성을 찾으면 방위를 쉽게 알 수 있거든요.

예문 **북극성**은 북극과 1° 정도 떨어져 있어요.

관련 어휘

별: 스스로 빛을 내는 천체

작은곰자리: 일 년 내내 북쪽 하늘에서 볼 수 있는 북극성이 속한 별자리

6월

14일

사회

노선도

路 線 圖

길 노 / 줄 선 / 그림 도

버스나 지하철 등의 경유지를 표시한 지도

노선도는 버스나 지하철, 기차가 지나는 길과 정류장을 표시한 그림이에요. 노선도를 보면 내가 가야 할 역까지 몇 정거장이 남았는지, 어디서 갈아타야 하는지 알 수 있어요.

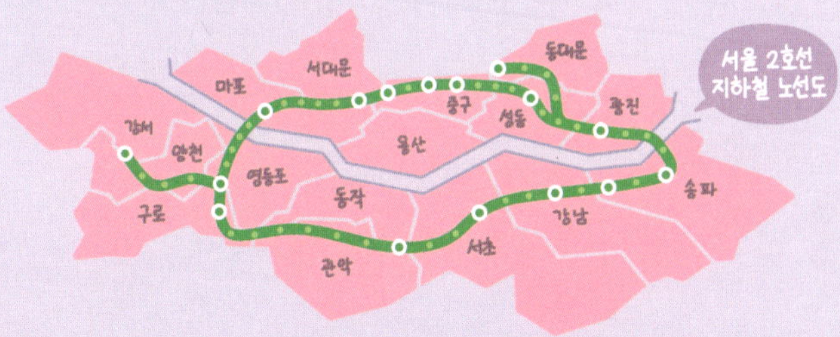

예문 지하철 **노선도**는 여러 개의 노선이 함께 있어서 복잡해요.

7월

15일

수학

미만

未 滿

아닐 **미** 찰 **만**

어떤 수나 정도에 차지 못함

미만은 기준이 되는 수를 포함하지 않으면서 그 수보다 작은 수를 나타내는 범위예요.

Q: 아래 수직선에서 5 미만인 수는?

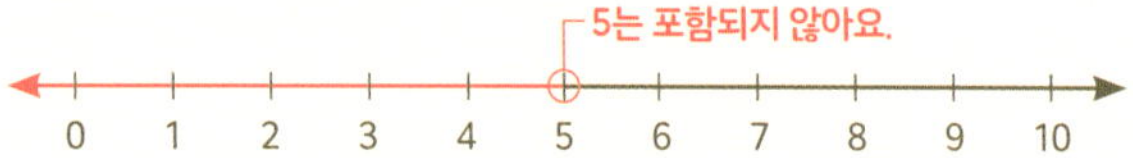

예문 만 5세 **미만** 어린이는 이 대회에 참가할 수 없어요.

관련 어휘 **초과**: 기준이 되는 수를 포함하지 않고, 그 수나 정도를 넘음

6월

15일

과학

빙하

氷 河

얼음 **빙** 강물 **하**

움직이는 얼음덩어리

추운 지역에 오랫동안 쌓인 눈은 단단한 얼음덩어리가 되고, 무거운 무게로 인해 낮은 곳으로 움직여요. 이처럼 얼음덩어리가 이동하는 현상, 또는 그 얼음덩어리를 빙하라고 해요.

예문 **빙하**는 지구의 온도를 조절하는 데 도움을 줘요.

관련 어휘 **빙산:** 빙하에서 떨어져 호수나 바다에 떠다니는 얼음덩어리

빙하는 아주 느리게 움직여서 눈으로 관찰하긴 어렵대요!

7월

14일

사회

수입

輸 入

나를 **수** 들 **입**

다른 나라에서 물건을 들여옴

필요한 물건을 해외에서 사 오는 것을 말해요. 우리나라는 석유나 천연가스, 커피, 열대 과일 등을 많이 수입해요. 반대로 우리나라에서 만든 물건을 다른 나라에 파는 것을 '수출'이라고 하는데, 자동차와 반도체, 전자 제품 등을 많이 수출하고 있어요.

예문 이 커피는 에티오피아에서 **수입**한 커피 원두로 만들었어요.

관련 어휘 **무역:** 나라끼리 물건을 사고파는 활동

6월 16일

국어

발단

發 端

일어날 **발** 처음 **단**

일이 일어나는 첫 부분

이야기는 '발단, 전개, 절정, 결말' 4단계 구성으로 나눌 수 있어요. 발단은 이야기의 시작 단계로, 인물과 배경이 제시되고 사건과 주제가 암시돼요.

예문 **발단** 부분이 재미있어야 독자들의 관심을 끌 수 있어요.

관련 어휘

전개: 사건이 본격적으로 진행되고 갈등이 나타나는 부분

절정: 갈등이 커지면서 긴장감이 가장 높아지는 부분

결말: 갈등이 해소되고 사건이 해결되는 부분

전개와 절정 사이에 '위기'를 넣어 5단계로 구성하기도 해요.

7월 13일

과학

밀물

바닷물이 밀려 들어오는 것

바닷물이 육지 쪽으로 밀려 들어오는 것을 말해요. 반대로 바닷물이 바다 쪽으로 빠져나가는 것은 '썰물'이라고 해요. 두 현상은 지구와 달 사이의 인력 때문에 생겨요. 달이 바닷물을 끌어당겨서 물이 끌려갔다 되돌아왔다 하거든요. 그리고 지구의 자전으로 밀물과 썰물은 하루에 두 번 일어나요.

예문 갯벌에서 놀기 전에 **밀물** 시간을 확인했어요.

관련 어휘 **인력**: 공간적으로 떨어져 있는 물체끼리 서로 끌어당기는 힘

6월

17일

사회

세금

稅 金

거둘 세 돈 금

나라에서 거두어들이는 돈

국가 또는 지방 자치 단체가 국민에게 거두어들이는 돈이에요. 모인 세금으로는 도로를 고치고, 학교나 도서관 같은 공공시설을 지어요. 그리고 아픈 사람이나 어려운 이웃을 도와줄 때도 세금을 사용한답니다.

예문 물건값에는 부가 가치세라는 **세금**이 포함되어 있어요.

왕이 나라를 다스리던 시절엔 곡식이나 물건으로 세금을 냈대요.

7월

12일

국어

비유

比 喩

견줄 비 깨달을 유

빗대어 설명하는 것

어떤 현상이나 사물을 직접 설명하지 않고 다른 것에 빗대어 표현하는 방법이에요. 예를 들어, 아기의 흰 피부를 눈에 비유하여 '아기가 흰 눈처럼 하얗다.'라고 말할 수 있어요. 그럼 그 모습이 상상되면서 더 생생하게 느껴지겠죠? 그래서 문학 작품에서 비유가 자주 쓰여요.

예문 초롱초롱한 아이의 눈을 반짝이는 별에 **비유**할 수 있어요.

비유는 글을 더 풍부하고 멋지게 만들어 줘요.

6월

18일

미술

부조

浮 彫

뜰 **부** 새길 **조**

도드라지게 새기는 것

평평한 면에 글자나 그림을 도드라지게 새기는 것을 말해요. 돌이나 나무 등 평면 재료를 깎거나 파는 방법이죠. 글자나 그림의 형태를 튀어나오게 하면 '양각', 반대로 형태를 파내면 '음각'이라고 해요.

양각 음각

예문 동전의 튀어나온 숫자나 그림도 **부조** 기법을 활용한 거예요.

7월

11일

미술

초상화

肖 像 畫

닮을 **초** 모양 **상** 그림 **화**

사람의 모습을 그린 그림

사람의 얼굴을 중심으로 그린 그림이에요. 인물이 가지고 있는 특징을 잘 표현하는 게 중요하답니다. 보통 실제 인물을 모델로 그리지만, 전설이나 상상 속의 인물을 그리기도 해요.

예문 미술 시간에 친구의 얼굴을 보며 **초상화**를 그려 주었어요.

관련 어휘 **자화상**: 스스로 그린 자신의 초상화

6월 19일 수학

자릿수

수의 자리

자릿수는 숫자가 있는 자리의 위치를 뜻해요. 예를 들어, 1234라는 수에서 1은 천의 자리, 2는 백의 자리, 3은 십의 자리, 4는 일의 자리랍니다.

	천의 자리	백의 자리	십의 자리	일의 자리
1231	1	2	3	1

1000 + 200 + 30 + 1 = 1231

→ 같은 숫자라도 위치에 따라 숫자의 크기가 달라요.

예문 345라는 수에서 5는 일의 **자릿수**에 해당해요.

세로셈을 할 때 자릿수를 잘 맞추어야 실수하지 않아요!

7월 10일

사회

경국대전

經 國 大 典

다스릴 경 나라 국 큰 대 법 전

나라를 다스리는 큰 법전

조선 시대에 나라를 다스리는 기준이 된 최고의 법전이에요. 경국대전은 세조 때부터 만들기 시작해서 성종 때 완성했어요. 조선의 정치, 경제, 사회 등 모든 기본 규범을 정리한 책으로, 백성들의 생활이나 결혼, 출산 등의 내용도 담겨 있어요.

예문 **경국대전**에는 관리가 백성을 괴롭히면 벌을 준다는 내용이 있어요.

오늘날의 헌법처럼 옛날에도 법이 있었다니 신기하죠?

6월

20일

사회

선거

選 擧

가릴 선 들 거

투표로 가려 뽑는 일

선거권을 가진 사람이 국민의 대표를 투표로 뽑는 것을 말해요. 우리나라는 대통령, 국회 의원, 도지사, 시장, 군수, 구청장, 지방 의회 의원을 선거로 뽑고 있어요.

선거의 4대 원칙	
	보통 선거: 만 18세 이상의 국민이라면 누구나 투표할 수 있다.
	평등 선거: 한 사람당 한 표씩만 행사할 수 있다.
	직접 선거: 투표는 내가 직접 해야 한다.
	비밀 선거: 누구에게 투표했는지 다른 사람이 알 수 없다.

예문 선거는 공평하고 투명하게 이루어져야 해요.

7월

9일

수학

무게

물건의 무거운 정도

무게를 나타내는 단위에는 그램(g), 킬로그램(kg), 톤(t) 등이 있어요. 같은 크기여도 무게는 서로 다를 수 있답니다.

g	그램	1kg = 1,000g 1t = 1,000kg
kg	킬로그램	
t	톤	

예문

시소를 타면 **무게**가 더 무거운 쪽으로 시소가 내려가요.

6월

21일

음악

가야금

伽 倻 琴

절 가　　가야 야　　거문고 금

열두 줄로 된 우리나라 현악기

가야금은 무릎 위에 놓고 손가락으로 줄을 뜯어 소리를 내는 국악기예요. 음색이 맑고 높아요.

예문 **가야금**은 가야의 가실왕이 만들었어요.

관련 어휘

거문고: 술대로 치거나 뜯어서 소리 내는 여섯 줄의 현악기

아쟁: 활로 줄을 문질러서 소리 내는 일곱 줄의 현악기

7월

8일

과학

성질

性 質

성품 **성** 바탕 **질**

고유의 특성

스펀지는 가볍고 물을 잘 흡수하죠? 기름은 물에 둥둥 뜨고요. 이와 같이 어떤 물질이 가지고 있는 고유의 특성을 성질이라고 해요. 그래서 다른 물질과 구별할 수 있어요.

예문 철은 자석에 달라붙는 **성질**을 가지고 있어요.

얼음은 어떤 성질을 가지고 있는지 말해 볼까요?

6월

22일

사회

주민 소환제

住 民 召 還 制

살 주 백성 민 부를 소 돌아올 환 제도 제

주민이 소환하는 제도

지역 주민들이 투표하여 문제가 있는 의원이나 단체장을 자리에서 물러나게 하는 제도예요. 정치적 부패를 막을 수 있는 강력한 장치랍니다. 유권자 3분의 1 이상이 투표하여 과반수의 찬성이 나오면 해당 공직자를 해임할 수 있어요.

예문 우리나라를 비롯해 미국, 일본 등에서 **주민 소환제**를 시행하고 있어요.

관련 어휘

유권자: 선거할 권리를 가진 사람

과반수: 절반이 넘는 수

해임: 지위나 임무를 그만두게 함

7월

7일

사회

자원

資 源

재물 자 근원 원

생산에 사용되는 모든 요소

생산 활동에 필요한 원료와 노동력을 이르는 말이에요. 석유나 석탄, 농수산물처럼 자연에서 얻는 '천연자원'뿐만 아니라, 사람의 기술이나 노동력 같은 '인적 자원', 전통과 문화재 같은 '문화적 자원'이 있답니다.

예문 아프리카에는 다양한 지하**자원**이 풍부하게 매장되어 있어요.

관련 어휘 **노동력:** 상품을 만드는 데 필요한 사람의 정신적, 육체적인 능력

우리가 쓰는 물건들은 전부 자원에서 온 거예요!

6월 23일

국어

화법

話 法

말할 화 법 법

말하는 방법

준비물을 까먹고 안 가져와서 친구에게 빌리는 상황을 상상해 보세요. 이때 '준비물 좀 빌려줄 수 있어?'라고 말할 수 있고, '준비물 빌려주라.'라고 말할 수도 있어요. 이처럼 같은 상황이라도 사람마다 말하는 방법이 다르답니다. 이게 바로 화법의 차이예요.

예문 토론처럼 공식적인 말하기에서는 의견을 정확히 전달하는 **화법**을 써요.

관련 어휘 **어조**: 기분이나 느낌이 담긴 말투

7월

6일

국어

목적

目 的

눈 목 과녁 적

목표가 향하는 방향

일반적으로 사람들은 건강해지려고 운동을 해요. 결국 건강이 운동의 목적이라고 할 수 있어요. 즉 목적은 어떤 일을 하는 이유이자 이루고 싶은 결과예요.

예문 이번 여행의 **목적**은 친구들과 좋은 추억을 만드는 거예요.

관련 어휘 **목표:** 이루고 싶은 것

우리가 열심히 공부하는 목적은 무엇일까요?

6월

24일

수학

소수

小 數

작을 소 셈 수

일의 자리보다
작은 자릿값을 가진 수

0.1, 2.4와 같은 수를 소수라고 해요. 소수는 일의 자릿수 뒤에 소수점(.)을 찍어서 표현해요.

1.234 일 점 이삼사	소수점 뒤의 수는 자릿값을 붙이지 않고, 하나하나 따로 읽어요.

예문 분수 $\frac{1}{10}$은 **소수** 0.1로 표현할 수 있어요.

관련 어휘 **소수점:** 일의 자릿수와 소수 부분을 구별하기 위해 찍는 점

7월

5일

광합성

光 合 成

빛 광　합할 합　이룰 성

빛으로 양분을 만드는 활동

식물은 빛을 이용해 이산화 탄소와 물로 포도당과 산소를 만들어요. 필요한 영양분을 식물 스스로 만드는 거예요. 이렇게 광합성을 통해 만들어진 영양분은 줄기를 통해 뿌리나 열매로 이동해요.

예문　햇빛이 없으면 식물이 **광합성**을 할 수 없어요.

광합성 덕분에 우리가 숨을 쉬는 데 필요한 산소를 얻어요.

6월 25일

사회

해발 고도

海 拔 高 度

바다 해 뽑을 발 높을 고 정도 도

평균 해수면을 기준으로 측정한 높이

해수면, 즉 바닷물의 표면에서부터 땅이나 산이 얼마나 높은지 측정한 거예요. 예를 들어 바다는 해발 0m, 한라산은 해발 1,947m예요. 해발 고도가 높을수록 기온이 낮고, 공기의 양이 적어요.

예문 에베레스트산은 지구에서 **해발 고도**가 가장 높은 산이에요.

관련 어휘 **에베레스트산:** 네팔과 티베트 사이에 있는, 높이 8,848m 산

그동안 가 본 곳 중에서 가장 높은 곳은 어디인가요?

7월

4일

수학

직각

直 角

곧을 직 각도 각

곧은 각

두 직선이 만나 이루는 90°의 각을 말해요.

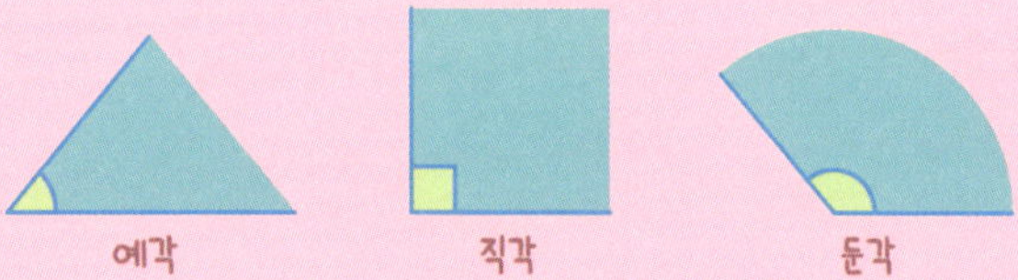

예문 사각형은 총 네 개의 **직각**을 가지고 있어요.

관련 어휘

예각: 직각보다 작은 각

둔각: 직각보다 크고 180°보다 작은 각

6월

26일

미술

수채화

水 彩 畫

물 **수** 채색 **채** 그림 **화**

물감을 물에 풀어서 채색한 그림

그림물감에 물을 많이 섞을수록 그림이 투명해지고, 적게 섞을수록 그림이 불투명해져요.

예문 **수채화**를 그리려면 물감, 물통, 붓, 팔레트, 도화지가 필요해요.

관련 어휘 **유화:** 기름에 갠 물감으로 그린 그림

7월

3일

사회

국토

國 土

나라 국 흙 토

나라의 땅

한 나라가 주권을 가지고 다스리는 지역이에요. 국토는 '영토, 영해, 영공'으로 이루어져 있어서 땅을 비롯해 바다와 하늘의 영역까지 포함해요.

예문 광복 이후에 우리는 빼앗긴 **국토**를 되찾았어요.

6월

27일

과학

승화

昇 華

오를 **승** 빛날 **화**

고체가 기체로 변하는 현상

아이스크림 가게에서 아이스크림을 포장하면 드라이아이스를 넣어 주죠? 시간이 지난 뒤에 드라이아이스가 사라진 것도 보았나요? 이처럼 고체가 액체를 거치지 않고 바로 기체로 변하는 걸 승화라고 해요. 반대로 서리처럼 기체가 곧바로 고체가 되는 현상도 승화라고 한답니다.

예문 옷장에 넣어 둔 나프탈렌이 작아진 것도 **승화**의 예시 중 하나예요.

관련 어휘 **서리**: 수증기가 물체 표면에 얼어붙은 것

7월

2일

음악

농악

農 樂

농사 농 음악 악

농사지을 때 사용하는 음악

농부들이 연주하는 우리 고유의 음악으로, 모심기처럼 힘든 일을 할 때 고단함을 잊게 하는 데에서 시작했어요. 농악은 꽹과리, 장구, 북, 징뿐만 아니라 태평소, 나발 등이 더해져 소리가 풍성하답니다. 또 사람들이 노래나 춤, 곡예를 곁들이기도 해요.

예문 **농악**은 흥을 돋게 하여 일의 능률을 올려요.

6월

28일

사회

조선

朝 鮮

아침 조　　고울 선

이성계가 세운 나라

1392년에 이성계가 한양에 도읍하여 세운 나라예요. 한글을 창제하고 과학 기술을 발전시킨 세종대왕, 인재를 고루 뽑으며 나라를 발전시킨 영조와 정조 등 수많은 왕이 있었어요. 조선은 유교 영향을 받은 나라로, 양반 중심의 사회였답니다. 이때 『홍길동전』 같은 한글 소설, 풍속화, 판소리 등 다양한 문화가 생겨나기도 했어요.

예문　『조선왕조실록』에는 태조부터 철종까지의 역사가 기록되어 있어요.

관련 어휘　**위화도 회군:** 이성계가 위화도에서 군사를 돌려 왕을 내쫓고 권력을 잡은 사건

7월

1일

국어

기행문

紀 行 文

벼리 기 다닐 행 글월 문

다니면서 기록한 글

기행문은 여행하면서 보고, 듣고, 느끼고, 겪은 것을 적은 글이에요. 여행의 과정과 여행하면서 얻은 지식 또는 감상을 잘 녹여서 써야 해요. 여행할 때 찍은 사진이나 사용한 입장권 등을 덧붙일 수도 있어요.

예문 방학 숙제로 여행을 다녀온 후에 **기행문**을 썼어요.

관련 어휘

여정: 여행의 과정이나 일정

견문: 보거나 들어서 얻은 지식

최근에 갔던 여행을 떠올리며 기행문을 써 보는 건 어때요?

6월

29일

수학

길이

한끝에서 다른 한끝까지의 거리

길이를 나타내는 단위에는 밀리미터(mm), 센티미터(cm), 미터(m), 킬로미터(km) 등이 있어요.

mm	밀리미터	1km = 1,000m 1m = 100cm 1cm = 10mm
cm	센티미터	
m	미터	
km	킬로미터	

예문 책상의 가로 **길이**는 약 80cm예요.

6월 30일

과학

드라이아이스

dry ice

고체 이산화 탄소

드라이아이스는 이산화 탄소를 압축하고 냉각해서 만든 하얀색 고체예요. 기체로 변하는 '승화'가 일어나는 특징이 있어서 공연장의 안개 효과에 쓰여요. 드라이아이스는 엄청 차가워서 손으로 만지면 동상에 걸리거나 피부가 손상될 수 있으니까 조심해야 해요.

예문

드라이아이스를 만질 때는 장갑을 꼭 껴야 해요.

이제 드라이아이스와 승화 현상에 대해 잘 알게 되었죠?